这样管理更高效

商业巨擘的实战经验，经营管理的行动指南

谢国计 ◎ 著

领悟新颖的管理理念，掌握高效管理的真谛
▶▶ **提升管理能力，实现职场跃迁** ◀◀

MANAGEMENT
IN THIS WAY IS MORE EFFICIENT

成都时代出版社
CHENGDU TIMES PRESS

图书在版编目（CIP）数据

这样管理更高效 / 谢国计著. -- 成都:成都时代出版社, 2018.1
ISBN 978-7-5464-1927-5

Ⅰ.①这… Ⅱ.①谢… Ⅲ.①管理学 Ⅳ.①C93

中国版本图书馆 CIP 数据核字(2017)第 230536 号

这样管理更高效
ZHEYANG GUANLI GENG GAOXIAO
谢国计 著

出 品 人	石碧川
责任编辑	周 慧
责任校对	陈德玉
装帧设计	天下书装
责任印制	唐莹莹

出版发行	成都时代出版社
电　　话	（028）86742352（编辑部）
	（028）86615250（发行部）
网　　址	www.chengdusd.com
印　　刷	三河市华东印刷有限公司
规　　格	880mm×1230mm　1/32
印　　张	8
字　　数	200 千
版　　次	2018 年 1 月第 1 版
印　　次	2018 年 1 月第 1 次印刷
书　　号	ISBN 978-7-5464-1927-5
定　　价	49.00 元

著作权所有・违者必究
本书若出现印装质量问题，请与工厂联系。电话：（010）85515600

「前言」

众所周知，圣人孔子有三千弟子，但是能够叫得出名字的却只有七十二位贤人。可见，即便是因材施教的圣人也会在挑人、用人和育人上面做得非常严谨。然而，现在的企业管理者往往会忽视其中一个或几个环节，以致于自己忙得焦头烂额，而下属却闲得要命。我们常常听到一些管理者抱怨自己非常累，时间不够用，而团队却不能把公司的决策贯彻落实，甚至有些下属只想简单地完成任务，却不折不扣地拿到回报。最后导致公司内耗不断，企业也止步不前。

有人说，管理好员工首先要把员工当"人"看。现代管理学之父彼得·德鲁克也曾说过："人是企业的一项重要和真正的资源。"也就是说，管理者在进行管理工作的过程中，要尽可能做到以人为本，用自身的言行来充分体现企业对下属的人文关怀。这就要求管理者首先要进行自我管理，所谓正人先正己，如果管理者自己都不能严格要求和约束自己的话，那么就会形成上行下效的恶性循环，即管理者无视企业制度的行为使员工对企业失去信心，进而变得对工作不上心，而这种情况的蔓延会让管理者有种无力感，致使管理者破罐子破摔……如果任由这种状况继续下去的话，那么，这个企业也就没有存在的必要了。所以，管理者必须要起到"领头羊"的作用，把团队带入快速发展的正道上来。

当然，除了管理者的自我管理以外，还需要管理者拥有卓越的领导能力。"火车跑得快，全靠车头带"，领导力是管理者的一项必不可少的素养。没有冲锋陷阵的士兵，军队就不能集结起来。但是，如果没有伟大的将军，即使能够召集万人，那也只是一盘散沙，是毫无战斗力可言的。而管理者在进行企业管理的时候，扮演的正是"将军"的角色。所以，管理者需要用自身的人格魅力和严格的制度来保证团队充满激情，努力拼搏。我们看过，每当有战事发生的时候，将军就会举行一个动员大会，他要让整个团队充满梦想和激情，以此来提高团队的士气，也只有这样的团队才能无往不胜。

所以，管理的精髓在于"带人要带心"。这里说的"带心"有几个方面的内容：一是进取心，管理者需要为员工制造梦想，并激励员工为实现梦想而努力；二是责任心，管理者在充分授权的过程中，一定要赋予相应的责任，使员工能够为自己的言行负责，从而达到企业内部人人负责、不相互推诿扯皮的良好风气；三是协作心，首先要强调的是企业是一个团体性质的组织，它的发展取决于每个团队成员之间的良好协作，而不是个人英雄主义。许多管理者并没有意识到这一点，往往会认为有了某个人或某些人，企业就可以高枕无忧了，这恰恰是最错误的想法，先不说这个人会不会突然离去，单说一个项目的执行就是靠整个团队去实施的，并不会因为某个人的能力就使项目一蹴而就。

管理者自我修养里面，还要求管理者要善于沟通。沟通是人际交往的基础，也是企业管理的必要条件，没有良好的沟通，企业内部就会在信息交换、传递意图等方面出现信息不对称的情况，以致管理者与下属，以及下属与下属之间失去信任和理解，从而无法做到协调一致、目标统一的结果。所以，管理者需要拥有良好的沟通能力和倾听习惯，避免充分授权后的干扰行为，在理解和信任员工的基础上，让员工充分发挥自身的价值创造能力。

总之，管理的目的是让下属做事。如何让下属贯彻落实公司的决策，提高企业团队的执行力和综合竞争力，从而提高整个企业的运营能力，就需要企业管理者在管理工作的过程中，提高自我管理意识和管理水平，做到用人有道、御人有术，全力打造狼性团队，而不是培养一头狮子。只有这样，企业的市场竞争力和价值创造力才能提高，才能在新常态经济条件下，从容不迫地进行经济和组织结构的优化升级。

本书以企业管理中常见问题的案例分析为主，在最大程度上保证了本书的可读性和趣味性，透过分析，读者也可以从中找到企业管理的关键点，从而解决老板、管理者、员工三者之间存在的影响企业发展的关键性问题。特别值得一提的是，为了提高内容的可操作性，本书还针对管理者的素质提升介绍了一些行之有效的自我管理方法，从而让企业管理者在进行管理工作的时候，可以针对性地提高自己的各方面素质，克服不足之处。

通过阅读此书，能够帮助管理者实现自己的管理职责，通过有效的沟通、激励、授权，以及完善的奖惩，把员工从浑浑噩噩的状态中拉出来，使他们懂得居安思危，彻底摆脱"混日子"的心态，为企业发展贡献力量。

「目录」

第一章　**打铁还需自身硬，管人先管己** / 001

  1. 打铁还需自身硬，自己做到才能要求别人 / 003
  2. 管理者要是坐下了，部下就躺下了 / 007
  3. 多与自己较劲，少在别人身上找问题 / 010
  4. 不要乱开"口头支票"，你的承诺价值百万 / 014
  5. 有效管理从尊重员工做起 / 018
  6. 决策要避免"霍布森选择" / 022
  7. 品德比才能的价值更大 / 027

第二章　**得人心者得天下，带人要带心** / 031

  1. 浇树要浇根，带人要带心 / 033
  2. 不给予信任，千金难买员工心 / 037
  3. 切忌厚此薄彼，新老员工一视同仁 / 040
  4. 准确地叫出每一个员工的名字 / 043
  5. 关注工作本身，也要关注员工的生活 / 046
  6. 通过小事传递对员工的关心 / 050
  7. 帮新员工获得团队归属感 / 052

第三章　打造铁血团队，做"狮子"，还是养"狼群"？／057

1. 工作中没有"超人"，只有"众人"／059
2. 引进"鲶鱼"，让员工紧张起来／060
3. 将帅无能，累死三军／064
4. 管理不狠，团队不稳／067
5. 猛将必起于卒伍，宰相必发于州郡／070
6. 千里马是"赛"出来的，而不是"相"出来的／073
7. 公司要宽容"歪瓜裂枣"的奇思妙想／076

第四章　制定管理目标，激发员工积极工作的意识／081

1. 好的领导者必须是造梦大师／083
2. 描绘美好愿景，调动员工积极性／086
3. 你是想卖一辈子糖水，还是想跟我改变世界？／090
4. 常对下属说，你的工作很重要／093
5. 送给下属超过预期的礼物／096
6. 有足够的薪水，还要有足够的重视／100
7. 决不让"雷锋"吃亏／102

第五章　管理者要学会用权：授权和监督是左右手／107

1. 权力下放，给下属自由发挥的空间／109
2. 管理就像放风筝，要掌握力道和时机／112
3. 管头管脚，但不要从头管到脚／114
4. 让每一个员工都充分行使岗位自主权／118
5. 给猴子一棵树，给老虎一座山／121

6. 从此刻开始，你就是老板 / 123

7. 敢于质疑上级决策，而不只是盲从 / 127

第六章　有效沟通，顺畅的交流让管理更高效 / 131

1. 有效的沟通始于倾听 / 133

2. 与下属沟通时，多说"我们" / 136

3. 只有认真倾听，员工才愿意发表意见 / 140

4. 成绩当众说，缺点和错误私下谈 / 142

5. 批评下属时，要顾及到下属的情绪 / 145

6. 平等造就信任，信任增进交流 / 148

7. 坦率和真诚是交流的基本保证 / 152

第七章　完善奖惩制度，高绩效是"淘汰"出来的 / 155

1. 重赏之下必有勇夫 / 157

2. 奖励不当，就成了变相惩罚 / 161

3. 赏罚分明：奖励优秀的，淘汰最差的 / 163

4. 能者上，平者让，庸者下 / 166

5. 解决"鸡肋式人物"，给管理"瘦身" / 170

6. 奖就要奖得心花怒放，罚就要罚得心惊肉跳 / 172

7. 点滴功劳也要立刻奖赏 / 173

第八章　胜在执行：执行力决定战斗力 / 177

1. 没有彻底的执行，再伟大的战略都等于零 / 179

2. 日事日毕，日清日高 / 182

3. 这事交代了，也要扶上马，送一程 / 185

4. 执行一定要落实到每一个细节上 / 188

5. 没有失败的战略，只有失败的执行 / 192

6. 执行有方，忙要忙到点子上 / 194

7. 一次解决，不要寄望下一次 / 196

第九章　居安思危：摆脱掉"鸵鸟"心态 / 199

1. 把每一天都当作最后一天来管理 / 201

2. 对于资金周转问题要早做打算 / 204

3. 危机管理是防范潜在问题，不是紧急处理 / 208

4. "百年老店"也会坍塌，先驱也要追随市场 / 211

5. 见招拆招，变"危"为"机" / 214

6. 发现潜在危险，立即解决 / 216

7. 一时成功不等于一世成功 / 220

第十章　这样管理更高效，别让努力变成瞎忙活 / 223

1. 别让芝麻大的小事成为你的麻烦事 / 225

2. 紧急的事和重要的事，先做哪一个？ / 228

3. 不讲方法，你做了很多无用功 / 231

4. 下班前，花三分钟整理桌面 / 234

5. 聪明地工作比努力更具效率 / 237

6. 工作没计划，只能"眉毛胡子一把抓" / 240

7. 用好你的零碎时间，别小看一分钟 / 243

第一章

打铁还需自身硬，管人先管己

"其身正，不令而行；其身不正，虽令不从。"企业管理者应做到正人先正己，正所谓"上行下效"，如果没有好的领导带头，员工也是难以把事情做好的。以身作则比强制命令更容易让人信服，认真指教比严厉批评更容易让人反思。

第一章 | 打铁还需自身硬,管人先管己

1. 打铁还需自身硬,自己做到才能要求别人

作为管理者,在工作中最忌讳的就是自己侃侃而谈,却不懂得进行自我管理,对下属提出的要求自己却没有半点头绪。毫无疑问,这样的管理者是失败的,在管理上,自然也就不得其法了。

正所谓"打铁还需自身硬",如果自己都不能做到的话,怎样来规范下属呢?

陈明是一家集团的总裁,那家集团是他和几个志同道合的朋友一手创建的。他在他们公司几乎就是一个精神领袖,他的员工对他的敬佩之情使得他们都能严格要求自己,尽最大的努力把工作做到极致。究其原因,还是陈总在创业时期的工作作风在员工那里留下了很深刻的印象。据内部人员透露,陈总每次演讲或参加会议的时候总是要把写好的稿件一遍遍梳理,他的助理也一直陪着他到凌晨,然后稍微休息一下就赶到会场。他希望每次登台都是脱稿演讲,把自己的热情传递给与会的每一个人。他做到了,仅仅是因为他那份废寝忘食的精神。他的下属更是因为得到

了这份精神的传递，变得生龙活虎，对工作也都充满了干劲。

试想一下，如果陈总不能起到"领头羊"的作用，他的下属会是一个什么样的工作状态呢？陈总不是工作狂，只不过他懂得管理的精髓，即有效的自我管理。换句话说，也就是他深刻地明白，倘若自己不能成为榜样的话，就没有资格要求下属尽心为公司付出。就好比搬家一样，你邀来几位很好的朋友来帮忙，但是自己却两手空空地闲着，偶尔还唠唠叨叨地指挥其他人，那么，即便是再好的朋友，他们心里也是不爽的。

提起《包青天》里的展昭展大侠可谓是无人不知，扮演这个角色的何家劲当年也是少女们心中"男神"的不二人选。在出演展昭这个角色一炮而红之后，他的戏量就逐渐减少了，不过我们还是偶尔能够在荧幕上看到他的身影，比如大家耳熟能详的马永贞等等。之所以有这样的变化，是因为他的工作重心已经转到了商界——与朋友合资开办了一家经营健康产品的公司，而公司的名字就是以他的影迷会来命名的——劲家庄。后来，劲家庄更成功申请到旅游牌，占地两万多平方米的厂房变成了惠州著名景点。之所以提到何家劲，是因为他转战商界，成为大老板之后，依然保持着出道时的那份心境，与清洁阿姨同桌吃饭，一点不显做作之态，而是完完全全的本质流露。这样的管理者越来越少了，能够放下姿态，以身作则的管理者更是凤毛麟角。

"其身正，不令而行；其身不正，虽令不从。"管理者想要让员工贯彻执行自己的命令，那就要先管住自己，使下属敬服，这样下达的命令或决策才能让人心服口服。

韩先生是一家咨询公司的课程策划，每天都要预约、拜访客户，并根据客户的需求设计课程内容和形式。作为他的顶头上司，高总却是一位眼高手低的典型代表。因此，他们之间的矛盾也就变得日趋严峻。

韩先生经常打电话给他的朋友，以期他的烦恼能够在朋友那里得到宣泄。其实，他们之间之所以有那么多的矛盾，无非是韩先生的课程是基于客户需求来设计的，而高总对课程的把控则是按照自己的喜好来进行的，完全不会考虑市场因素对课程销售的影响。更何况，高总是助理出身，强项应该是执行，而非把控大局。这就直接导致了他总是喜欢在细枝末节上吹毛求疵，而不是给下属提供大的战略方向。

一次，韩先生又打电话过来说："我感觉他根本不知道自己真正需要的是什么。"

"这次又是怎么回事呢？"朋友问他。

"我做好了一个冬季的课程，但是在他那里没有通过。很简单的原因就是这不是他想要的，但是，这个课程是我们已经经过商讨集体通过的方案。"

"他总会有自己的理由吧，不可能就直接把已经决策好的计划给否定啊。"

"理由是他有一个自认为很重要的客户在开课的时候没有时间，而且，对课程的操作形式有些不同的建议。只是他把这个所谓的建议当成圣旨了，根本不考虑其他多数客户的需求。"韩先生很气愤，"说白了，他是有求于对方，所以就不顾及公司的利益了。"

"这只能说明他不适合做领导，因为他要求下属为公司着想，要求下属付出，但是自己却做不到。我只能说，这次他的确是错了。"

像高总这样的领导，相信在其他公司也存在。他们往往是嘴上说得冠冕堂皇，但是真正做起来却差劲得很。这样的领导是不能让众人信服的，因为他们总希望自己是全能的人，而且做事刚愎自用，最后导致的结果就是下属的抱怨和众叛亲离。

管理者要特别注重自己的能力培养，虽然不能做到面面俱到，但也不能以"庸才"的身份出现在下属面前。打铁还需自身硬，试想一下，如果管理者自己本身的管理能力和团队领导力都不够好的话，还怎么带领团队冲锋陷阵，为企业创造价值呢？

身为管理者，你的一举一动就是员工的表率，因此必须言行谨慎。当你拿着放大镜看别人，却放纵自己的同时，员工也必定是拿着放大镜来检视你。正人先正己，做事先做人。管理者要想管好下属，就必须要勇于承担责任，事事为先、严格要求自己，起到表率作用，用自身的魅力去吸引员工，这样才能树立自己的威望，上下同心，提高团队的整体竞争力。

2. 管理者要是坐下了，部下就躺下了

　　张瑞敏说过，管理者要是坐下了，部下就躺下了。正所谓"强将手下无弱兵"，在企业中，管理者是下属的表率，下属是管理者的一面镜子。换句话说，也就是如果下属做不出成绩，绝对不是管理者的责任，但是，如果下属不努力，没有作为，那就是管理者的失败了。行动管理中也有提到，管理者并不一定要亲力亲为，但是在很多时候都要身体力行，如果管理者自己懈怠了，那么，下属的工作积极性也就随之而丧失。

　　王总所在的是一家教育培训公司，他的下面主要有三个部门主管直接对他负责。由于企业性质的需要，他们每周一都会举行例会来讨论本周工作的重点以及对客户的理性分析，以便更好地做好本周的工作。

　　小刘的部门经理在每次例会上都会迟到，有时候甚至找各种理由缺席例会。最后导致小刘他们部门的其他成员在每次的例会上很少有积极发言的时候。因为在他们看来，自己部门的领导对例会都不上心，自己又何必自找麻烦呢。

相对于小刘他们部门的情况，另外两个部门在例会上提出问题就显得非常多，当然，这些问题也都在例会上经过集思广益，完美地解决了。结果也就可想而知了，这两个部门每周的业绩也是非常突出的。

俗话说得好，"火车跑得快，全靠车头带"。小刘他们部门存在的问题完全在部门经理身上，也就是我们所说的管理者。如果管理者能够积极参与每周的例会，那么，他的下属会被带动起来，他们的工作效率自然会提高。然而，可惜的是，他们的管理者自己先"坐"下来了，那么下属就会变得无所适从，即便有很好的想法或建议，也会三缄其口，以至于整个部门都各做各的事，没有交流，没有冲劲儿，自然也就没什么业绩可言了。试想一下，如果整个企业都处于这种状态，那将会是一件非常可怕的事情。

管理者的榜样作用具有非常强大的感染力和影响力，所以，作为企业的管理者，必须要从根本上杜绝官本位思想，把管理的工作"动"起来，而不是完全不顾及自己"领头羊"的作用，更不是坐下来颐指气使。要知道，你手中的权力是服务于企业和下属的，而不是用来显示自身优越性的。你不仅要有激发下属的潜能，更要具备为下属创造机会和成长空间的能力，这就特别要求管理者不能"坐"下来，而是要让下属感受到你的激情，并从你身上看到未来的希望。

如果把职场比作战场，那么管理者就必须是一位睿智的指挥官。他必须了解每支队伍的综合能力,并根据他们的能力做出有效的调配,使之发挥最大的效用。而不是临阵退缩,或者坐在队伍的最后面享受成果,当然,也没有什么成果可以享用的,因为在这样的指挥之下,只能以失败告终。

王明在一家工艺品公司做文案工作,平时也会兼顾一些其他的辅助工作。他的老板因为从事过很多工作,也非常明白如何才能带动员工的积极性,所以,在很多时候,他的老板在每个项目上都身先士卒、亲力亲为,从不让下属做一些无用功,也从不把负面的情绪传递给自己的员工。

有一次,他的老板在一家酒店会见一位重要的客户,而且打算在洽谈结束后赠送对方一件工艺品作为纪念。可是由于自己的疏忽,他把礼品忘在了公司。这个时候已经是下班时间了,但是他不得不让还没有离开岗位的王明亲自送过去。如果换做我们自己,肯定是一百个不乐意。但是,王明出于对工作的负责,即便这不是工作时间范围的事情,但他还是用最快的速度把工艺品送到酒店。

到达酒店后,王明就看到他的老板已经在门口迎接了,虽然神色十分焦急,但还是对王明百般感谢。而且,他还把王明介绍给对方,说:"这是我们公司最优秀的文案,也是我最得力的助手,在工作上没少帮助我。"

在别人面前肯定自己的下属,使得王明对自己在公司的价值有了重新的定位。而他的老板毫无架子的表现以及自身的担当精神,更是为自己的员工树立了榜样。

在工作中,我们也会遇到类似的情况。但是,一些管理者习惯了坐享其成,慢慢地就忽略了自身的导向作用。

所以,官本位思想在管理中是要不得的。如果管理者只是一味地想表现自己在公司的地位或者对项目、会议没有太大的参与感,又或者整日萎靡不振,毫无状态可言,下属自然也会消极怠工。

3. 多与自己较劲,少在别人身上找问题

俗语有云:静坐常思己过,闲谈莫论人非。换句话说,也就是我们的眼睛不应该总盯着别人的错误,或者总想着在别人身上找出错误,反而要时刻反省自己,找出自己的不足之处并予以改正。

在管理工作中,挨批和道歉的一般都是下属,管理者往往站在一个高姿态的位置上时刻审视下属的工作成绩与状态。毫无疑问,这种管理方式其实是一种病态,因为这种方式无法从根本上解决员工在工作中的问题,反而在客观上会给员工的身心留下不好的影响。松下幸之助曾经这样说过:"在公司只是几个人规模的时候,我是一名将军,需要带领大家冲锋陷阵;如果是几十人的话,那么我就是一名厨师,需要调和众人的口味;如果是几百人,甚至几

千人的话,那么,我就是一个后勤打杂的人了,我只需要在后方提供最好的服务就行了。"不得不说,这才是管理的精髓,因为他把管理者的角色定位到了领导、协调和服务上面,而不是在管控和享受上面。也就是说,作为管理者,我们的工作并不是要紧盯着下属的工作,以期实时地抓住他的错误,而是要反躬自省,看看自己究竟能为下属提供哪些服务,以及自己哪方面还有所欠缺。

李林是一家工厂的高级管理人员,主要负责车间员工的日常管理。刚开始的时候,大家对这位新上司还是比较尊重的,可是后来这种尊重就变味儿了。

原来,在刚开始的时候,大家由于彼此不太了解,所以,员工对李林的态度多少有些敬畏的感觉,这样工作倒也比较顺利。只不过长期下来,大家才发现李林在很多情况下都是盯着员工的错误,有时候甚至会把这种问题拿到例会上当面批评,反而没有一点儿反省自己的意思。人无完人,员工长期从事一项单一的机械性工作,难免会有"打盹"的时候,这个时候,作为管理者最应该做的是想办法提高员工的工作热情,而不是揪住一个人的错误不放,甚至把这种问题扩大化,延伸至整个车间,把其他人也一起否定。

其实,在出现这种情况的时候,作为领导者,就应该反省自己的管理方式了。如果一味地抓着员工的错误不放来凸显自己所谓的"英明神武",那最终的结果就是众叛亲离。那么，管理者应该如何进行自我认知，并在实践中提高自己呢？

一、诚恳地征求反馈意见

别人的反馈意见是获得自我认知的最好途径。在正式或非正式的反馈过程中，往往可以为我们提供一次次有效的自我反省机会。因为这些反馈会诚实地告诉我们，在别人心中的印象，以及我们对别人产生的潜在影响。一旦掌握了这样的反馈数据，我们就可以真正地利用它们，并由此发挥自己的强项。

二、不断反思

反思是一种回顾数据的表现，确切来讲，是为了更好地理解并从中学习到更多东西的一种良好行为习惯，例如成功和失败的经验、一个周期内的工作状况以及管理工作中的行为方式等，都可以让我们通过反思来进一步巩固和提高自己。曾国藩家训中也曾提到"自修之道莫难于养心。心既知有善知有恶，而不能实用其力，以为善去恶，则谓之自欺。故能慎独，则内省不疚，可以对天地质鬼神，断无行有不慊于心则馁之时……"引申到管理中，也就是说管理者如果能做到谨慎独处，不断反省，多从自身找问题，并予以改正，心里就会泰然，管理工作也就能顺利进行了。

三、日志和周记

另一种反思方式是坚持写日志和周记。每个人或多或少都会经历一些特殊的阶段，他们记下了那些事情和做出的决定,以及在这些事情上所耗费的时间与精力,而你要做的就是把这些事情记录下来,以便日后学习和总结。

值得一提的是这些记录应该包括对有见解、有趣的评论,也可以包括个人对工作的反思,例如员工的工作状况、上下级的沟通等。这样一来就可以清晰地记录某个人处理某种情况的做法,并根据这些记录进行详细的分析,从而了解这个人在未来事件中的反应。

四、自我评估和分析

了解自己,并从各类数据中找出自己不足的方式就是评估分析。无论你做出何种决定或措施,你都要详尽地记录下来,然后每个月将实际产生的结果和你所期望的结果进行对比,进而通过分析找出自己的优点和缺点。

图1 自我评估实例

评估项目	差	一般	好	很好	备注
工作效率					
工作质量					
工作状态					
工作中的内耗情况					
工作中的安全意识					
工作方法是否得当					
时间安排的合理性					
创新能力					

续表

评估项目	差	一般	好	很好	备注
团队协作能力					
沟通能力					
领导组织能力					
语言表达能力					
个人影响力					
解决问题的能力					

注：把评估的结果在最贴切的选项下打"√"，并在备注栏里记录自己分析的原因和改进的方法及后期工作的目标。

把日常记录的事件结合图1的项目对自己进行全面的分析，从而找出在日常管理工作中的不足之处，方能从根本上不断提高自己。也就是说，管理者首先要从自身找问题，跟自己较劲，而不是在别人身上找毛病。只有这样，管理工作才能顺利进行，自己在员工中的影响力才能提高。

4. 不要乱开"口头支票"，你的承诺价值百万

我们见过很多管理者，他们很喜欢开"空头支票"，其目的无非是让员工把眼前的工作做好。不可否认，这样会产生一些正面的影响，但是如果管理者把开"空头支票"

当成家常便饭，那么，久而久之就会适得其反了。

赵刚应聘到了一家规模不是很大的小公司。由于刚进公司，他表现得特别努力，当然，他的这种努力也被老板看在眼里，老板也不止一次在公司例会上表扬过赵刚。

某一次，赵刚因为一项工作需要加班到很晚。老板看到这种情况就表示让他回去做，可是赵刚还是在公司熬了一个通宵做完了这项工作。后来跟他聊天的时候，老板才知道赵刚之所以会在公司完成工作，是因为他的电脑是几年前的东西了，现在摆在家里只能当成电视用，根本无法做任何工作。老板于是对赵刚说，年底的时候要送他一台最新的笔记本电脑，这样用着也方便一些。

这样一来，赵刚在公司更卖力了，他希望公司的业绩能够越来越好，这样他的笔记本电脑也就有着落了。日子就在赵刚的不懈努力中慢慢地度过了，等到年底放假的时候，老板给赵刚发了一个红包，而里面的钱还不够回家的路费。至于他许诺过的笔记本电脑，也就没有再提。

赵刚有点儿心灰意冷了，毕竟一年的努力是有目共睹的，而他的收获却少得可怜，更不要说满心期待的笔记本电脑了。第二年，赵刚办理了离职手续，进入另外一家公司工作。

像赵刚这样努力工作的员工，作为管理者是应该想尽一切办法留住的。可是，这家公司的老板却选择了开"空头支票"，让员工寒了心。原本的许诺本来是为了让员工更尽心尽力地为公司创造价值，但是如果不兑现承诺的话，就是欺骗了。

所以，作为管理者切勿乱开"空头支票"，正所谓谨言慎行，你的承诺真的价值百万，如果你不对它有足够的重视，那么久而久之，这种行为势必就会变成一种习惯，进而给人留下信口雌黄的印象。这种形象是毫无影响力可言的，也就无法让下属和员工信任你了。

在新员工大会上，侯经理显得非常兴奋——他看到了公司未来的发展态势。因为刚招聘的这一批员工都是刚毕业的应届生，他们对未来的工作都充满了信心，这种对工作的热情是其他东西所不能替代的。

侯经理对新员工说："我也是跟你们一样，一步一步走过来的。我希望你们也能通过努力坐到我这个位置。今年，由于经济不景气，我们的业务也没有以往那么好。不过大家放心，该有的年假我们会在会上讨论落实的，而且明年，我们公司将会为各位安排员工宿舍，给各位定制统一的服装。希望各位在我们公司能够得到成长的同时，也可以在生活上得到改善。"

"看到了吧，我们的侯经理又开始忽悠新人了。"老员工陈辰悄悄地对李敬说。

"记得我刚入职的时候，他也是这么说的。这都两年了，虽然大家都付出了不少，可是也没见他兑现过承诺。"李敬显得有点儿气愤。

"我们部门的张经理就是看不惯他这种行为才离开的。"陈辰无奈地说:"谁让董事长不在呢,这里只有他说了算。看来我也该为自己打算一下了。"

"他去年答应我的涨工资的事儿还没有落实呢,今年倒好,随便找了一个借口就把我的年假给取消了。"李敬埋怨地说:"这也就算了,每天还找各种理由让大家加班,连周末都成了不确定的事儿了。他所说的休息和福利都没见个鬼影。"

从上述案例中,我们不难发现,这位侯经理是一位特别喜欢乱开"空头支票"的人,而且对自己所说的话从来不会履行。他不仅仅是许诺给新员工种种好处,更是在工作中随便承诺一些看似容易落实却从不兑现的话,而他自己却浑然不觉,作为一个管理者,这的确是一件非常可悲的事情。

其实,即便他真的不能兑现承诺,至少把公司的现状解释清楚,相信大家也是会理解的。如果把承诺不当回事,那就适得其反了。俗话说,做男人就应该一口唾沫一颗钉,那么作为管理者就更应该注意自己的言行了。"言必信,行必果"是一个人进行社会交际的基本标准,那么,在管理工作中,它更应该成为管理者的基本原则。

那么,企业的管理者应该怎样严格要求自己呢?

第一,不随便给出承诺,三思而后行。在你给出承诺之前,请你先考虑一下自己能不能兑现,如果因为客观原因无法兑现，你有没有更合理的补救措施。如果没有考虑清楚，那么请你管住自己的嘴巴。

第二，一旦给出承诺，那就要想办法兑现。就好比送给对方礼物一样，一旦你答应给对方了，那么你就不能后悔。所以，一旦给出承诺，你就必须想办法去实现你的承诺。常言道，说出去的话，泼出的水。切记覆水难收的道理，不要随便乱开"空头支票"。

5. 有效管理从尊重员工做起

每个人都希望得到别人的认可和尊重，领导如此，员工也是如此。懂得尊重员工的管理者必然是受到大家拥戴的，而一个不把员工当回事，甚至把员工当作机器的管理者，他的管理工作也是无法进行的。我们在工作中经常会遇到一些管理者总是对下属颐指气使，动辄拍桌子批评，甚至进行辱骂等人身攻击的恶劣行为。这样的人不适合做管理者。

黄先生是一家公司的高管，刚踏入职场的时候，他为人和善，进取心和学习能力都是同事学习的榜样。但是随着年龄的增长和工作经历的丰富，他的职位越来越高，而他本人也变得越来越不把下属当回事了。

这一天，他又在办公室对他的秘书小刘大吼大叫。原来小刘在帮他收拾办公桌的时候，把一个文件放在了文件夹里，他一时没有找到，于是就把小刘叫了过去。

"你不知道这是我马上要看的东西吗？"黄先生很生气地对小刘说："我让你给我收拾桌子，可是你却忽略了我的习惯，你收拾之前都不看我列好的计划吗？"黄先生指着自己的便签说。

"您这个文件是要到下午才看的，我给您放在文件夹里，中午休息的时候就给您摆出来了。"小刘解释道。

"万一你忘记了怎么办？万一临时有事让你出门了怎么办？真不知道你脑子里整天在想些什么，连最基本的伺候人都做不好，你还能做些什么事？"

"您要看的东西以及您一天的安排，我也都做了记录，每天都是如此。而且，我是您的专职秘书，根本不会有其他的事情，怎么可能忘记呢？"小刘据理力争。

"你脑子有病吧？"看到下属居然敢跟自己顶嘴，黄先生终于爆发了："既然知道是我的专职秘书，就应该事事想到我的前面，而不是让我在这里提醒你。"

"您现在已经超出提醒的范围了，更何况您根本不是在提醒。"

"看来你对我很有意见啊，不想干就滚蛋。"黄先生很不耐烦地把小刘赶了出去。

其实，像黄先生这样的人有很多。他们经历过很多工作，前期一直郁郁不得志，看人脸色行事，等到自己一旦掌权，他就要体验当领导的感觉了，于是他忽略了下属的感受。所谓"己所不欲，勿施于人"，黄先生刚踏入社会的时候，不喜欢上司对自己冷嘲热讽，那么，他现在就不应该如此对待自己的下属。只是权力让他忘记了一切，长期憋在心中的不快终于找到了一个发泄口。

后来小刘进入了另一家公司，并被他们董事长看重，成了董事长的秘书。正所谓无巧不成书，黄先生跟这家公司正好有业务往来，只是他再见到小刘的时候，他就知道，他跟这家公司的合作是无法继续下去了，因为他的丑态和人品必然会通过小刘在他们公司传开的。

在人际交往中流传着这样一句话：凡事留一线，日后好相见。引申到企业管理中，也就是管理者必须要尊重员工，让员工感受到你的关怀，这样他才会尽心尽力为你办事。

尊重员工的方式有很多种，并不仅限于语言和态度上，更多的是想要员工达到什么样的一个状态，从而有针对性地服务于员工，让他们在公司找到归属感，从工作中得到成就感。日本有家企业，当员工下班回家的时候，他们的管理人员都会站到门口依次给员工鞠躬并对他们一天的努力工作表示感谢。1914年1月5日，小亨利·福特的公司突然宣布将员工的工作时间减少至8小时，并把他们的工资提高到了每天5美元——他希望员工有能力享受自己生产的产品。然而为了这项举措，他的公司却需要多支付

1000万美元。当时有经济学家把他推到了风口浪尖上,批评他"把《圣经》的精神借用在了工作场所,借博爱主义的幌子来笼络人心"。然而,让大家没想到的是,仅仅一年的时间,福特公司的利润就达到了3000万美元,并且因此拓展了汽车的消费人群,从根本上改变了整个汽车行业的生态,同时也改变了美国的国家精神。

由此,我们不难发现,那些尊重员工,把员工的工作和生活当作自己努力方向的管理者,他们终将得到客观的回报,而那些不把员工当回事,只是想尽办法驱使员工为自己工作的管理者,员工终将离他而去,那么,所谓的管理工作也就无从谈起了。

张薇在一家培训公司做课程策划,平时也会跟着执行人员到户外去参加课程,目的也是为了更好地听取客户的意见,然后对课程进行针对性的改进。

有一次,公司其他人员都去执行另外一个项目,只剩下她和主管经理两个人。但是他们还是义无反顾地承担了这项任务。在准备物料的时候,她跟主管经理两个人针对本次的项目进行了长时间的沟通,并一致同意在执行的时候只负责服务内容,其他的东西都交给当地的接待人员负责。原本按照计划,这个项目是可以很轻松地完成的。可是,到了那一天,主管经理却忘记自己说过的话了。直接把张薇当成了自己的直接下属,颐指气使地指派她做了很多毫无意义的事情,而他本人则是陪着所谓的重要客户聊天去了，把其他客户放在了一边，理也不理。

更让张薇气愤的是，忙了一天要吃晚饭的时候，主管经理却让她去很远的一个地方取快递，毫不顾及张薇累了一天。即便如此，主管经理还是嫌张薇的动作太慢了，一直不停地催促。

上述案例中，主管经理这种把"女人当男人用，男人当牲口用"的心态就是典型的不尊重员工的表现。若非对工作负责的原则，恐怕张薇早就甩手不管了。其实这个时候，主管经理最应该做的是对劳累一天的张薇表示感谢，并担负起其他招待工作，而不是让她不吃饭就去给自己办私事。这样的管理者是不会受到欢迎的，无论是上司还是下属，都会对其敬而远之。

6. 决策要避免"霍布森选择"

霍布森选择，即没有选择的选择，没有一定数量和质量的选择，让人没有选择余地的所谓"选择"。这是霍布森在做马匹生意的时候给大家出的一道难题，也就是他向大家承诺，凡是购买或租赁他的马匹，只要随意开个价，对方就可以在马圈中任意挑选自己中意的马匹，但前提是对方选择的马匹必须是能够牵出圈门的马，牵不出去可是不行的。毫无疑问，这是一个设计好的圈套，因为他的马圈门很小,那些高大的、肥壮的好马根本牵不出去,能够出得去的只有那些瘦小的马。管理者一旦陷入了"霍布森选择"的困境,那么他就不可能进行创造性的学习、工作和生活。因为只有在对比中才能判断好坏优劣,也只有在一定数量的可行性方案中决定取舍,判断和决策才能做到合情合理。

李先生在一家公司任高管,手下有二十多个下属任其调遣,其中,刘佳是最受重视的一个。所以,李先生在平时只要有什么事情,都会安排给刘佳去做。在他本人看来这是在帮助刘佳提高自己,然而,在刘佳看来,李先生这是故意为难她。当然,她之所以这样想,也是有原因的。

原来,李先生在给刘佳安排任务的时候,总是提出一些不合理的要求。例如,有一次,李先生找刘佳要一份资料,但是刘佳还没有整理出来。于是,李先生就开始质问她说:"我是不是告诉过你这份资料很重要的?"

刘佳说:"是的,您说过的。"

"你问我什么时候要,我是不是告诉过你越快越好?"

"是的。"

"至于参考资料,我是不是告诉过你就在我的办公室,你可以随时取阅?"

"是的。"

"那你为什么到现在还没有整理出来呢?"

"我没想到您会那么着急要。"

其实，这项工作内容是昨天下午下班前交给刘佳的，而李先生提出的那些问题，让刘佳仅仅局限于回答"是"。然而，客观条件却不允许刘佳很快完成工作。比如，李先生交代完工作就下班了，而他的办公室也已经上了锁，致使刘佳无法取阅相关的材料。还有就是李先生只是强调了资料的重要性，却没有给出具体的时间限制，再加上以往他布置的任何任务，无论重要或紧急与否，在他看来都是要马上拿到结果的。众所周知，人人负责就是无人负责，那么，同样的道理，如果所有的事都是紧急重要的，那么这些事估计都是不太重要的。所以，刘佳在无从选择的情况下陷入了李先生的问题陷阱，而李先生也很明显地陷入了"霍布森选择"的困境，以致于他们之间出现了间隙，这样就很容易出现管理和沟通上的问题，也就无法很快地拿到自己想要的结果。

法国作家安德烈·纪德曾经说过这样一句话："很多人走过的路肯定最安全，但这条路不会有很多猎物。"意思就是说，如果保持一种思维的自我僵化，那么就不会有创新，而没有创新的结果就是束手待毙。企业的管理者只有突破传统思维，打破思维定势，才能走出"霍布森选择"的困境。

有一个很老套的故事，也是在许多电视剧里面经常出现的情节，讲的是在历史的某一段时期，如果欠债不能及时偿还的话，就要被判入狱的。有位商人由于资金周转出

第一章 | 打铁还需自身硬，管人先管己

现了问题，不得不从高利贷那里借了一笔巨款来填补生意的亏空。天不从人愿，商人并没有及时还上巨额的高利贷。而放高利贷的那个债主由于看上了商人漂亮的女儿，便要求商人用女儿来抵债，这样商人就可以免去牢狱之灾了。商人与女儿对这个提议感到非常愤怒和恐慌。

狡猾的债主当着众人的面故作仁慈，提议他们听从上帝的安排。他说："我可以发善心放过你们，不过这还要看看你们的运气了，如果上天帮助你们，我也就无话可说了。"

"那你说该怎么办？"商人小心地问。

"我也不是一个狠心拆散别人家庭的人。这样吧，我在这个钱袋里放入一颗黑色石子，一颗白色石子，让你女儿自己去拿，如果她拿到的是黑色的石子，那么她就必须要嫁给我，而你的生意也全数转到我的名下，如果上天同情她，让她拿到的是白色的石子，她就可以回到你的身边，而你欠的钱也一笔勾销。当然，她也可以拒绝这个提议，那么你的后半生就要在监狱里度过了。"

虽然是一件冒险的事情，但是商人的女儿还是答应了。他们走到铺满石子的小路上，由债主在地上拾起两颗石子放入钱袋中。这时候商人的女儿发现，那两颗石子居然都是黑色的。也就是说，无论她选择哪一个，结果都是要嫁给债主。

这该怎么办呢？女孩儿正在考虑要不要揭穿债主的阴谋的时候，债主就迫不及待地催促起来了。聪明的女孩儿

将计就计,她一言不发地走过去,显得有点儿紧张害怕的样子。她从袋子里随手拿住一个石子,眼看手就要从袋子里出来的时候,她的手突然抖动了一下,石子便顺势滚落到了地上,已经分辨不出是哪一颗了。

"太对不起啦,我实在太害怕了。"女孩儿小心地说:"不过,现在虽然不知道我拿的是哪一颗,但是袋子里的石头是一黑一白,只要看一下袋子里剩下的那颗就可以了。"

袋子里自然是黑色的石子,当着众人的面,债主又不能食言,也就只能承认女孩儿拿到的是白色石子了。

很显然,高利贷债主设计的就是一个让人没有选择余地的所谓"选择",而女孩儿正是在这种困境中另辟蹊径,找到了解决问题的办法。如果一个管理者在挑选人才的时候,只是局限于自己的小圈子,那么选来选去,即使做得多么公平、公正,本质上也只不过是一个小范围的挑选,那么,如此一来就很容易陷入"霍布森选择"的困境。同样的道理,如果管理者只是用一个别无选择的标准来衡量和要求下属,就会激起下属的不满与愤恨,也会扼杀下属的创造力。所以,管理者在决策的时候一定不能陷入"霍布森选择效应",反而要依据实际情况进行广泛的调研,充分收集相关信息,以此来找出解决问题的办法、实现目标的限制性条件以及从中起到决定性作用的关键因素,然后通过综合分析,权衡多方面的利弊,拟定出多种方案作为备选方案,并在此基础上,通过深思熟虑选择最佳的决策方案。

7. 品德比才能的价值更大

记得有人说过，如果你不漂亮，那就用知识或内在的气质来装扮自己。同样的道理，如果身为一个管理者没有太多的才能，那么你就用你高尚的品德让众人信服。因为很多时候，品德发挥的价值比才能更大。"品德"二字拆开来看，我们可以理解成人品和德行。这样看来，如果一个人的品德不好的话，就不能发挥应有的影响力，反而会让人对其充满戒心与不满。

魏强是一家公司的执行经理，由于总经理经常不在公司，他就成了公司唯一的领导。当一个人的权力不受约束的时候，那么他就有了以权谋私的机会。魏强也不例外，由于工作上的便利，他在外面又成立了自己的工作室，然后把自己公司的业务全部对接到工作室那边。

纸终归是包不住火的。有一天，兼职财务因家中琐事不得不暂停了自己的工作，公司也因此招聘了一位专职财务。新官上任三把火，财务人员到公司后所做的第一件事就是把公司乱糟糟的账目理清理顺，并根据实际情况制定下个季度的财务计划。

不查不知道，原来在这段时间里，魏强联合自己的工作室已经从公司拿走了一百多万。而且明细上明确地显示着，仅网站制作与维护一项就花费了60万，其他的还有设计费8万，预支活动经费10万等，都是超出市场价格的花费。于是，财务人员向总经理汇报了自己这边的财务情况。总经理得知实际情况以后，很快从外地赶回来，专门召开了一次会议，目的是让魏强对自己的支出做出解释。当大家看到那个花费60万的网站的时候，大家不禁倒吸了一口凉气。因为按照网站的品质来说，根本不会超过10万，而他一下子就拿走了60万。最后，总经理不得不辞退了魏强，并在整个行业圈子里发布了魏强的恶劣行为。

或许，我们会说魏强太傻了，他只要把公司管理好，提高公司的效益，他最后也会收获很多的。可是，在这里，我们讨论的是品德的问题，也就是他个人人品的问题。如果一个人的人品坏掉了，那么，即便有很好的机会摆在他的面前，他也会被短暂的利益蒙蔽了双眼。其实，换作任何一个品德高尚的人来说，没有总经理的监管，更是发挥自己才能的机会，更应该把公司管理好，从而实现自己的人生价值。可惜，魏强再也没有这个机会了。

俗话说，人品决定产品。在管理工作中，人品也决定机会，决定你的成长空间。管理者做大的根本是员工的认同与支持，如果管理者的品德不过关，那么就没有办法聚拢员工，而没有员工的管理者就犹如没有士兵的将军，是上不了战场的。

宋代司马光也十分强调"德"的重要性，他指出："德者,才之帅也。自古以来,国之乱臣,家之败子,才有余而德不足,以至于颠覆者多矣。""才德全尽谓之圣人,才德兼亡谓之愚人,德胜才谓之君子,才胜德谓之小人。凡取人之术,苟不得圣人、君子而与之,与其得小人,不若得愚人。"这段话一直成为后世帝王的用人之道。

我们再来看一个由于品德不好而最终走向失败的典型事例。

赵晓彤有一家规模不错的图书公司,公司业务涉及图书编撰、图书出版发行以及绘画插图等。这家公司原来的主人是她的姐姐,后来姐姐因病去世,她从外甥那里骗来的。一开始,公司只是以书商的形式在运作,后来随着业务的扩展,才成就了现在的规模。

在她的手下,有十几个人在办公室负责图书的编写工作,外面还有发行和印刷。如果这样的状况一直持续下去倒也不错。可是,她为了节约开支,选择了见不得光的手段,换了一批又一批的员工,而新员工基本上都是应届生。在她看来,与其聘请一位资深的编辑,倒不如多招聘几个刚毕业的学生,这样不仅可以少发工资,还可以保证图书的数量。

当一个人做出了错误决定的时候,他就是在一步步走向深渊。由于应届生的经历和知识层面的不足,写出的书稿总是达不到出版的要求,为此浪费了很多钱。换言之,就是新员工不能做出成绩,每个月还要拿固定的工资。这样一来，赵晓彤不乐意了。她就想尽办法克扣员工的工资，比如每个月发工资的时候，她往往不会一次结清，而是把一个月的工资分成五六次才能发完。

老员工出于理解一般不会计较太多，而新员工就更没什么话说了。久而久之，这种不成文的规定就形成了，而且还有愈演越烈的势头。由于没有新书发行，而已经发出的图书也收不到结款，她的困局就这样在不知不觉中定型了。以致后来，印刷厂和纸厂的人纷纷上门要账，她自己又不想用手头的钱还账，只能外出躲避，最后纸厂联合印刷厂把她告到了法院。树倒猢狲散，她手下的那些人也都纷纷各奔前程了。

上述案例中的赵晓彤，如果一开始就用心把控图书的质量，如果她不在员工的工资上动心思，如果她没有赖账的心思，那么她也走不到最后一步。其实，当她欺骗自己的外甥，抢夺公司的时候，也就注定了她最后的结局。原本只是运作模式的失误，后来却变成了她与员工、印刷厂、纸厂的矛盾，结果孤立无援，最终走向了败局。其实，归根结底，还是她在品德上出了问题，从接手公司的那一刻起，她的品德已经走向了歧路。所以说，品德绝对比才能更有价值。管理者可以没有才能，但不可以没有品德，没有做人的底线。没有才能，你可以用自己的人格魅力来领导众人向着未来的目标努力，但是没有品德，即便有再大的才能，对于管理工作来说，也是毫无用处的。

MANAGEMENT
IN THIS WAY IS MORE EFFICIENT

第二章

得人心者得天下，带人要带心

有道是，得人心者得天下！企业只有真正"拴住员工的心"，员工才会死心塌地地工作。人心不稳，自然大盘塌陷。下属不是领导者成功的踏脚石，更非达成目标的工具。在企业管理中有时候不能单靠管理制度，管理者需要亲身融入下属之间的互动，才能有效凝聚大家的向心力，建立起公平竞争的工作环境。

第二章 得人心者得天下，带人要带心

1. 浇树要浇根，带人要带心

如何抓住下属的心，如何让下属在工作中充满激情成了当下管理者最头疼的事。不能聚拢人心的企业成不了最伟大的企业，同样，不能俘获人心的管理者，也不是合格的管理者。

在《读者》杂志上有这样一个故事，讲的是一条军犬正在接受训导员的训练。这条军犬目光如炬，精神饱满，每当在甄别嫌疑犯时，只要有它在场，总能让真正的犯人心虚。

随着训导员的一声令下，军犬很快就把丢失的物品叼了出来，然后又跑到人群中，没过多长时间，就抓住了小偷。

军犬欢快地望着训导员，期待着他的奖励。但是训导员却摇着头告诉它不是这个人。军犬非常诧异，但由于对训导员的信任远远超过了自己，于是，它又一次钻入人群中开始谨慎地辨认起来。它的专业性告诉自己，绝对是这个人。于是，它又重新把那个小偷叼了出去。然而，意外

再次发生。训导员仍然坚持不是这个人。

军犬的眼中充满了疑惑，它深深地望了训导员一眼，然后凭着自己的嗅觉，再次钻入了人群中。最后，它还是站到了小偷的面前，然后示意训导员，小偷就是这个人。

训导员的表情严肃起来，大声对它说，绝对不是这个人。

这下，军犬的信心一下子被击溃了，垂头丧气而又焦急地在人群里转来转去，每到一个人脚边的时候，它都会停留一会儿，希望能找到那个小偷。最后，训导员用眼神指示给它一个假小偷，它就义无反顾地叼了出来。

这时候，训导员与那些围观的人突然哈哈大笑起来。军犬一下子懵了，傻傻地愣在当场。训导员一脸嬉笑地告诉它，它原本就是对的，只不过错在没有坚持。

军犬一下子明白了，原来这不过是一场供人娱乐的骗局。它非常痛苦，因为它相信训导员胜过自己，但是训导员却拿它的信任与专业当做玩笑。在这个没有准则和对错的世界里，它原守的信念一下子被击得粉碎。自此之后，它对训导员彻底失去了信任，在执行任务的时候也没有以往那么积极了，而训导员则是失去了一条忠犬的心。

不知道我们的管理者看到这个故事以后会是怎样的一个心情。是否会反思自己在管理工作中的一些行为呢？是否能够开始正视下属的专业呢？一些管理者虽然不会像训导员那样拿下属的信任开玩笑，但是，他们为了表现自己高高在上的位置，还是会不停地从非专业的角度一遍一遍地挑剔下属的工作。这样的管理又怎能抓住下属的心呢？真正的权威产生在下属的心目中，而不是你所处的那个位置，傲慢无礼的人，不可能成为事实上的领导者。在企业管理过程中，管理者必须要摒弃那些高高在上的姿态，不要认为指使别人为自己效劳是理所应当的，反而应该想办法让下属能够快乐地工作，唯有如此，下属才能把工作当成自己分内的事，才能尽心尽力为企业创造价值。

韩立正在酒店与客户商谈一些事宜。这时候，他的手机响了，原来是下属部门的一个主管孙涵打来的电话。

"董事长，我受不了了，我要自杀了。"孙涵说。

"你在哪里？你可别做傻事。我这就过去。"韩立吓了一跳。孙涵平时都是沉默的，但是工作却非常出色，他已经决定要提拔孙涵了。

"我在家里阳台上，您不用过来了。"孙涵说完就挂断了电话。

这下，韩立真的急了。再打过去，电话里提示对方已关机。于是，韩立跟客户说明情况，就驱车赶到了孙涵的家里。

按响门铃，开门的是一位非常漂亮的女孩。女孩儿充满疑惑地看着满头大汗的韩立，问："你是谁？"

韩立说："我找孙涵，我是他的董事长。他在哪里？"

"喏，他在沙发上睡着了。"女孩儿侧过身说："我是他女朋友，要不要我叫醒他？"

"不用了，等他醒来你告诉他我来过了就行了。"韩立看孙涵没事，不免长长出了一口气。于是，告别女孩儿，离开了那里。

第二天，孙涵早早地就到了公司，他的精神非常好。见了同事也非常愉快地与之打招呼。

韩立看到孙涵的变化，心里就更踏实了，而更让他高兴的是昨晚跟客户商谈的事情终于有了结果。他没想到客户为了跟他合作，居然给出了非常大的让步。后来，他问起这位客户的时候，才知道原来是自己那次的举动深深地打动了客户。在客户看来，能够俘获员工的企业，肯定是具有发展潜力的企业，跟这样的企业合作，肯定不会吃亏。

从上述案例中，我们可以明确地知道，孙涵是一个沉默寡言的人，但是这种人同样有着自身的倾诉需求，而韩立恰恰满足了他的这一点小小的需求。虽然虚惊一场，却足以让孙涵打开心扉，把精力用到工作上。如果韩立在接到电话之后，直接告诉孙涵"我现在有事，等会儿再打过来"，结果会是什么样子呢？在孙涵最需要倾诉的时候，韩立却以高高在上的姿态拒绝了他，相信第二天孙涵就会办理离职，而他与客户谈判的结果也不会那么完美。

2. 不给予信任，千金难买员工心

俗话说，用人不疑，疑人不用。每个人都渴望被重视、被信任。如果企业不敢放手用人，不能在信任的基础上给员工一个施展才华的机会，就会严重影响到员工的忠诚度。尤其是在"新常态"的经济形势下，企业想要留住核心员工，并让他们发挥最大的价值创造力，就必须给予他们必要的信任。

18世纪，在英国的一个小村庄有一位非常有钱的绅士。有一天深夜，他一个人走在回家的路上。这时候，一个蓬头垢面的小男孩儿突然拦住了他。

"先生，请您买一包火柴吧。"小男孩儿说："我已经一整天没有吃东西了。"

"可是我没有零钱啊。"绅士非常同情小男孩儿，无奈地说。

"没关系，先生。你先拿上火柴，我去给您换零钱去。"说完，小男孩儿拿着绅士递给他的一英镑跑开了。

绅士在那里等了很久，但是小男孩儿依然没有回来。这下，绅士才醒悟过来，他很可能被小男孩儿欺骗了。

第二天一大早，他的仆人告诉他说有一个小男孩儿要见他。于是，绅士让仆人把小男孩儿领进来。可是，这个小男孩儿并不是昨天晚上的那个。

"先生，实在对不起。我的哥哥让我把零钱给您送来了。"小男孩儿说："昨晚让您等了那么久，实在很抱歉。"

"那你的哥哥呢？"

"他在给您送零钱的路上被车撞伤了，现在在家里躺着呢。"

绅士为自己猜疑小男孩儿而感到羞愧，于是决定亲自去看望小男孩儿。

到了他们家里，他看到小男孩儿躺在床上，伤口只是用破布粗略地包扎着。看到绅士，小男孩儿急忙说："对不起，先生。我失信了，没能按时把钱给您送去。"

绅士看到小男孩儿兄弟两个的清苦生活，心里充满了震撼。因为如果换做其他人，肯定就不会送还零钱了。他被小男孩儿的诚信深深地感动了，于是决定担负起他们生活的所有费用。

后来，绅士问起小男孩儿为什么要急着送还零钱。小男孩儿只是腼腆地笑着说："因为您信任我啊。"

《第五代管理》的作者萨维奇认为，怀疑和不信任是公司真正的成本，不信任是最大的成本。不信任不是生产成本，却会影响生产成本；不是科研成果，却会窒息科研的进步；不是营销成本，却会使市场开拓的成本大大增加；不是管理成本，却会使管理内部起内讧，而使管理成本严重增加。

第二章 | 得人心者得天下，带人要带心

松下电器的创始人松下幸之助是不完美的推崇者，他对企业在人事方面的管理有独到的理解。松下幸之助不追求员工完美的表现，我们可以把他的思想总结为70%原则，即在70%的层面上获得均衡，有效地处理用人中的矛盾问题。松下电器创业之初，公司的名气还不大，它只能吸收三井、住友、三菱等大企业所不要的人成为职员，但正是这些被视为次级人才的人使得松下公司的业绩飞升，创造了令行业中其他企业惊奇的成就。松下幸之助70%原则适用于以下方面：70%原则聘用人才、70%原则使用人才、70%的原则信任员工、70%的原则发现员工的优缺点、70%原则授权、70%原则获取员工的满意度。让管理亲和于人，让领导者与员工心理的距离拉近，让领导者与员工彼此间在无拘无束的交流中互相激发灵感、热情与信任，这样的理念在优秀的企业家心中已经成了一种共识。

有位专栏作家参观英特尔公司时，看到当时英特尔的首席执行官葛鲁夫的格子间与员工的格子间一样大小后，很尖刻地指责葛鲁夫这种做法比较虚伪，葛鲁夫却回答说，他这样做的理由是不想让权力放大，给员工造成心理压力，以便能更好地与员工进行交流。

世界著名的扭亏高手 Unisys 总裁温白克说："一家企业要成功，关键是一定要爱护你的员工，并帮助他们，否则他们也不会帮助你的企业。对待员工一定要诚实，要有一致性，不能朝令夕改，一定要把你的心拿出来给他们看，

要心心相印，只有在这种情况下，他们才会跟你走。"这是一种很普通的境界，但是很多管理者做不来，却一味要求员工对企业忠诚再忠诚。

3. 切忌厚此薄彼，新老员工一视同仁

在企业管理中，很多企业一旦招聘了新人进来，就会忽略老员工的感受，把所有的精力全部放在新员工的培训和安抚上面。这种行为的出发点是好的，无非是希望新员工能够快速融入到团队中来。但是，从另一个层面上来讲，这种行为就会让老员工对企业失去信心。因为在他们看来，企业引进新员工是为了替代老员工，"一代新人换旧人"的心绪就油然而生了。于是就产生了新老员工冲突的尴尬局面。那么，管理者想要解决这种冲突，就必须要先了解产生冲突的原因。

黄璐是一家文化公司的编辑部主任，已经在这家公司工作四五年的她，从一名编辑勤勤恳恳地走到了今天的这个位置。随着公司业务的不断发展壮大，招聘的人员也越来越多。于是，冲突就在这种不断引进新人的背景下产生了。

黄璐一直肩负着与印刷厂沟通的责任。有一次，公司需要为客户印刷一批宣传册，客户要得很急。于是黄璐找

了一家相对来说比较靠谱的印刷厂，但是由于需要印刷厂的工人加班赶制，所以，费用比平时要高一些。

这时候，设计部的新人赵丹就看不过去了，于是她就自己联系了一家相对便宜的印刷厂，并把报价送到了董事长办公室。董事长把两份报价稍加对比，就决定用赵丹联系的那一家。黄璐知道情况后，找到董事长据理力争，但是董事长根本听不进去，反而认为黄璐从中拿了不少好处。

结果可想而知，赵丹联系的那一家虽然省钱了，却根本达不到公司的要求，最后又重新印刷了一遍。而黄璐和赵丹因为这件事，冲突就越来越频繁了。

管理者在做出决策的时候，一定要在适当的时机掌握好对待新老员工的尺度。黄璐和赵丹本身的做法是没有问题的，都是为了帮助公司解决问题，但是，由于赵丹急于表现自己，并没有跟经验丰富的黄璐商量，就给董事长看了报价的结果，自然就避免不了事情失控的情况。而黄璐在工作时，如果能够把自己的经验传授给赵丹，结果也就不会出现这种情况了。

老员工的自我保护体现在无法接受新员工因为能力突出而凌驾于自己之上。这在很多企业表现得尤为突出。众所周知，老员工一般是以维护客户关系见长，久而久之就容易产生惰性心理——宁愿继续"吃"老客户，也不愿花费精力去开发新客户，这就给了新员工一个很大的机会。当新员工因为自己的能力和业绩突出被提升为某部门的负责人时，老员工就开始眼红和不服气。于是就会联合其他老员工一致对抗新人。由于老员工给新人的发展和晋升带来了不好的影响，慢慢地就会引起部门领导的反感，最后只能卷铺盖走人。

文化价值观的差异会导致新老员工在处理问题的行为上产生冲突。新员工敢于冒险，对问题的认识也是比较直观的，而老员工则是基于对企业文化和价值观的认同上来处理问题，相对来说比较保守。长此以往，难免会在行为方式上产生冲突。不过，这种冲突并非利益上的冲突，而是在为公司解决问题的方式上的冲突。相对来说，还是比较容易调和的。

随着企业的发展，新员工会变得越来越多，老员工相对来说会变得越来越少。如此一来，企业就需要针对这种情况对管理制度进行调整。上面我们已经提到过，新老员工在处理问题的方式上是有冲突的。那么，如果制度偏向新员工的话，势必会引起老员工的不满。比如，某个公司经过不懈地努力，终于使团队发展起来了，为了激励新员工发挥自己的聪明才智，在管理制度上难免会倾向于新员工，那么，老员工在新制度下的利益自然会受到损害。

了解了新老员工产生冲突的原因，那么作为管理者应该怎么做才能消除这种冲突呢？

首先，管理者要了解老员工的精神和物质需求。一般而言，老员工对于公司的忠诚度是不容置疑的，但是这种忠诚度背后的需求却是管理中最容易忽视的。所以，管理者在制定管理办法的时候，应该尽可能考虑到老员工在工作和生活上的需求，同时帮助老员工从心里接纳新员工。

其次，管理过程中，难免会有照顾老员工而忽视新员工的地方。比如，中秋节的时候，有的公司为了犒劳老员工，就会给老员工多派发一些过节礼物，而新员工只有羡慕的份儿。这就容易让新员工对公司产生不满情绪。虽然照顾老员工是没有错的，但归根结底，最终依靠的还是新员工的冲锋陷阵。

再次，对待新老员工必须要一视同仁。这里提到的一视同仁不仅仅是在福利待遇上，还有在晋升机会上。管理者不能片面地认为晋升对老员工没有用。无论哪个人都希望能够展现自己的价值，而在公司内部，晋升绝对是体现价值的最直接手段。所以，对新老员工一视同仁还是非常有必要的。

4. 准确地叫出每一个员工的名字

管理者对员工的重视程度还突出表现在能否准确地叫出每一个员工的名字。尤其是对于刚入职的新人来说，能够被领导准确无误地叫出自己的名字，着实是一件让人非常高兴的事。因为他可以从这件小事当中找到归属感。

王超新到一家培训公司工作。对于新的公司，新的环境，一股陌生感让王超不能游刃有余地发挥自己的才能。而且，他发现，公司的每个同事都在各忙各的，根本无暇顾及他这个新到来的同事。

有一次，在周一的例会上，总经理在听完了各个部门的工作计划之后，询问大家还有没有其他的意见要发表。长期以来，各个部门除了必要的合作之外，几乎没有什么交流，即便是有事情，也是通过内部沟通解决的。但是王超所在的是一个新设立的部门，而成员只有他自己一个人。见到其他部门都没有什么要说的，总经理转身对王超说："王超，你那里有什么需要其他部门支持的么？"王超很诧异总经理居然知道自己的名字，因为和他一起来公司的有不下20个人，没想到总经理居然能够叫出自己的名字。于是，在总经理的注视下，他对公司的现状和需要其他部门提供的支持都讲了一遍。

"我知道你肯定有好的想法。猎头公司在推荐你的时候，我就已经开始注意你了。"总经理说，"我们公司就是需要像你这样的年轻人啊。"

经过那一次会议，王超感觉自己并不孤独，因为他在这里找到了以往熟悉的感觉。事实也证明，总经理并没有看错人，王超后来的表现也确实让他非常满意。只不过他不知道的是，如果不是那天他叫出王超的名字，而是像其他人一样叫他小王的话，恐怕他就永远失去这个优秀的下属了。

第二章 | 得人心者得天下，带人要带心

毋庸置疑，在企业日常管理工作中，想提高员工忠诚度就需要不断提高员工的满意度。然而，很多管理者却并没有意识到这一点，在他们看来，公司只要招聘进来人以后，这些人就是自己的人了，一定会为公司效劳的，所以，像这种小事完全不能引起他们的重视。以致最后，新员工要么在公司得不到认同而尴尬地离开，要么就是碌碌无为地混日子。

魏军在进入一家民办高中担任班主任的时候，他几乎每天都背学生的姓名，甚至连兴趣爱好都没有落下。对此非常疑惑的杨晓光就问他原因，他神秘地说："到时候你就知道了。"

等到开学的那一天，出于好奇，杨晓光也跟他去了学校，并穿着魏军临时找来的校服，客串了一把高中生，坐在了最后一排。

"下面，我们来相互认识一下，当我叫到大家名字的时候，请起立示意。"魏军在讲台上说，"李丽。"

"到。"一个漂亮的女孩儿站了起来。

"我知道你喜欢唱歌和写作，希望你能够继续保持下去。尤其是写作，听说你还在省级比赛中拿过奖，以后咱们班参加比赛就靠你了哈。"魏军打趣道。

坐在台下的杨晓光赫然看到周围同学脸上的一片惊喜，好像都在期待着能够早些叫到自己的名字。

"刘胜同学。"魏军继续点名。

"到。"一个一米八的大个子应声道。

"嗯，刘胜同学最喜欢的就是打篮球了，但是千万要注意，在体育课上可不能用身高欺负其他同学啊。"魏军还是那么幽默，"你的技术是要为咱们班争取荣誉的。"

点名依然继续，看着同学们交头接耳，好像恨不得马上就去为班级争光一样，杨晓光已然明白了朋友的用意。

在企业管理中，有许多管理者并不能像这位老师一样记住每一个人的名字，更不要说记住他们的特长和兴趣了。试想一下，当你手中有任务要安排给下属的时候，却不知道对方的名字，甚至只是用"那个谁"来含糊带过。这时候下属会是怎样一种心情呢？而当你和下属碰面的时候，你很自然地叫出了对方的名字，这时候，下属又会是怎样一种心情呢？

所以，管理者如果想要下属为己所用，为公司发挥最大的价值，那么最好的办法就是记住他们的名字，然后准确地叫出来。让下属感受到你的重视和认可，同时，也能消除与下属沟通过程中产生的隔阂。

5. 关注工作本身，也要关注员工的生活

2006年5月28日，年仅25岁的深圳华为公司员工胡新宇，永远闭上了他那双疲惫的眼睛。

胡新宇在医院里整整躺了一个月。在这之前的四月初，他一直处于超负荷状态工作中，几乎天天在公司过夜，不管加班到多晚，第二天早上依旧按时上班，直到住进医院。长期的加班造成身体过度疲劳，从而使免疫力急速下降，这是胡新宇患病致死的真正原因。

这则"过劳死"悲剧的发生，让每一个人对加班文化产生了种种疑问，企业的成功是否要建立在员工拼命加班的基础上？加班文化是否应该倡导？这是作为一名企业的管理者必须要正确看待和处理的问题。

无独有偶，深圳一位年仅36岁的清华IT男张斌，被发现猝死在酒店马桶上。然而在凌晨1点的时候，他还发了最后一封工作邮件。原来，为赶项目，他常常加班到早上五六点，又接着上班。在去世的前一天，他还对妈妈说太累了。

一句"太累了"，道出了职员的心酸。随着社会竞争的日趋激烈，上班族过度劳累的问题正日益严峻。其实员工们都不反对加班，加班精神是好的，是一个企业努力向上、不断超越的气质和个性，它要融入每一个员工的内心。但我们不要盲目地提倡所谓的"加班文化"。这样可能导致的结果就是：员工在上班时间碌碌无为，而在下班后又忙忙碌碌。这样为加班而加班，为取悦老板而加班是非常不可取的。作为一名管理者，要做一个与员工并肩作战的领导，而并非一个高高在上、指挥员工加班的领导。

现在的管理者，普遍都认为管理就是如何让人工作更持久、更卖力。经理人总爱吹嘘部属的加班时数，以及让员工加更多班的秘诀。管理者要追求卓越，应首先摒弃这套弊端重重的"加班文化"。因为，如果管理得法的话，就该懂得要着眼于提高工作的效率，而不是一味地"非法"占用员工的时间。

总而言之，管理者应该从这些不断发生的悲剧中吸取教训，以避免类似的悲剧上演！

不可否认，关心员工、解决员工的后顾之忧是调动员工积极性的重要方法。作为管理者要对员工、尤其是生活上有困难的员工的个人和家庭情况做到心中有数，时刻准备着给他们鼓励和帮助。比如，如果安排下属出差，那么，就要考虑到是否需要安排好其家属子女的生活，对于特别优秀的员工，在必要时，还要派遣专人去负责。虽然，这些看来是小事，但却是管理者最不能忽视的事情。

小刘所在公司的管理制度是以"关怀"见长的。而小刘也非常庆幸能够在这样一家公司工作。原来，小刘工作后一直没有谈对象。家里人着急，就让人帮忙给他介绍了一个女朋友。谈了大概一年左右的时候，小刘的家人就开始张罗着他们结婚的事情了。可是，就在这个时候，女方家里出现了反对的声音。原来，女方父母嫌弃小刘工作了那么长时间却一直没有升职，不太看好女儿结婚后的生活。而且，提出条件，除非小刘能够买一套像样的房子才允许他们结婚。

这下，身在农村的小刘父母犯了难。因为他们根本没有那么多钱给小刘在外面买房子。不曾想，小刘的老板知道了这件事，但是他并没有说什么，只是告诉小刘放心准备结婚的事，房子的问题公司想办法解决。

女方父母知道公司解决房子的事情以后，也就勉强答应了他们的婚事。结婚那天，小刘的老板亲自送上了一串钥匙，说："你在公司付出了那么多，现在也该轮到公司为你做些事情了。"如此一来，小刘在工作中更加努力了。

当下一些有远见的公司，越来越关注员工的衣食住行。在一些资金雄厚的公司里，公司为员工在工作时提供免费的按摩服务已经成为越来越普遍的现象，有的公司甚至把按摩的费用包含在了员工的福利中。例如，设在加拿大的BCT电讯公司就在公司大楼内设立了健身中心，鼓励雇员健身，改良雇员的精神状态，从而提高了劳动效率，公司也获益匪浅。

虽然这些措施在一定程度上增加了公司的支出，但相对于在这种关爱下员工创造的价值而言，是微不足道的。而且，关爱员工本身就是一项可以得到持续回报的投资。因为在公司的关心下，员工会更加信赖自己的公司，更愿意用充满热情的状态投入到工作中。

6. 通过小事传递对员工的关心

有人说，员工利益无小事。也有人说，关心员工要从点滴做起。无论哪种说法，无不在透露着一个信息，那就是管理者要通过小事来传递对员工的关心。当然，要让管理真正亲和于员工，管理者不仅表面上要与员工拉近距离，还要真正关心员工，不单是关心员工的日常生活，更重要的是关心员工的前途和未来。

长期从事培训工作的田乐是公司最受欢迎的主管，因为大家都能从她那里感受到无微不至的关怀。

培训工作，尤其是各个企业高管参加的课程，往往都需要礼仪和服务人员。这些服务人员在课程进行的时候，一般都要笔直地站着。"我看着他们那么辛苦，心里总想着能够为他们做些什么。"田乐说，"正是出于这样的想法，我的注意力开始转移到他们身上来了。记得有一次，有位女同事在站着的时候，总是有些摇晃的感觉。我问过其他同事才知道，原来她的脚扭伤了，于是，我毫不犹豫地找人替换了她，同时安排另一个同事去药店买来了消肿止痛的药。"

田乐之所以受到大家的爱戴，并非仅仅因为她是主管，更重要的是她真的在用心关爱下属。久而久之，"有问题，找田乐"的话就在公司传开了。

在一次晨会的时候，部门经理要求连续辛苦两天的下属去慰问分公司因为没有完成业绩而集体受罚的同事。虽然其他人员嘴上不说什么，但是看他们的表情就知道，其实他们并不愿意这样做。

这时候，田乐提出了反对意见："大家已经连续两天没有好好休息了，现在要做的是让大家放假休息一天，而不是去慰问那些受罚的人。再说了，受到惩罚是因为他们没有完成任务，而且，这种惩罚也是他们集体答应下来的。不能搞得受罚的人跟领奖一样。"

田乐的意见显然得到了大家的支持，而那位经理则是灰溜溜地去总经理那里告状去了。

所有的员工都希望能有一位像田乐这样的上司，因为这样的管理者可以设身处地地为下属着想，时刻关心着下属的一切。上述案例中，在我们看来，虽然田乐所做的不过是一些小事，但恰恰是这些小事传递了一名优秀的管理者对下属的关心。

每到春节的时候，相信很多人都会产生苦恼，原因就是等到公司放假的时候不一定能买到回家的票。而王磊则没有那么多的担心。原来王磊是在一家管理咨询公司工作，他们公司一直坚守着"以人为本"的原则，在任何时候，公司都能第一时间考虑到员工的难处。

例如，在其他人正在为买票发愁的时候，王磊可能已经在回家的路上了。因为他们公司每到这个时候都会安排专门的人为员工订票，而且，为了让员工能够舒舒服服地回家，一般都会提前一周放假，从而错过了春运的高峰期。

有一次，王磊的生日要到了。在前一天晚上，王磊就收到了所有同事的祝福。更让王磊感动的是，在他生日的这一天，他所有合理的建议，比如建议公司实行弹性工作制、设立专项外出资金等都能在这一天通过。当然，其他同事也是如此。

关心员工就是关心企业。管理者如果能站在企业的角度通过小事传递对下属的关心，这就充分体现了现下企业管理中"以人为本"的原则，更能在最大程度上提高员工对企业的认同感，从而提高企业的凝聚力，所以，管理者应该尽可能地帮助员工解决后顾之忧，让员工感受到公司的人文关怀，多为员工着想，哪怕是一些小事也要尽可能站在员工的角度去考虑，只有这样，才能更好地激发员工的奉献精神，使企业成长之树长青不衰。

7. 帮新员工获得团队归属感

权威机构研究表明，一个新人要摆脱外来者的心态，一般需要半年左右的时间，而一个人要真正了解自己的公司则需要三年甚至更长的时间。也就是说，员工归属感的培养是一个长期的、复杂的、动态的过程。一个优秀的企业内部环境可以为员工提供一个健康、活泼、积极向上的环境氛围，不仅能够吸引优秀人才的加入，更能够提高员工的归属感。任何员工在一个舒适的工作环境中工作，给他带来的不仅仅是工作上的满足，更多的是精神上的愉悦。因此，构建一个良好的企业内部环境对于提高员工的归属感具有十分重要的意义。

作为管理者，范红在培育新员工这件事上着实下了一番功夫。

半个月前，范红所在的公司招聘了一批新员工，他们的学历和经验参差不齐，有的是刚毕业的大学生，有的则是工作好几年的"老油条"。针对大学生而言，范红还是有信心在短时间内让他们融入团队的。但是对于那些"老油条"，范红一下子还真拿不出有效的办法。

于是，范红敲响了总经理的门，希望总经理能够给出一些建议。得知问题以后，总经理没有直接回答，反而问范红："那些你所谓的老油条为什么会离开上一家公司呢？"

"有的是因为原公司破产，有的是在原来的单位没有上升的渠道，还有一些就是利益方面的原因了，比如奖金不公平或提成迟发等。"范红说："不过他们的经验还是毋庸置疑的。"

"我明白你的意思。"总经理说："作为培训主管，你自然希望能够帮助他们快速融入团队，找到归属感。其实，你刚才说的原因，无非只有一条，就是他们在原来的公司没有得到满足。"

"那这样的人能重用吗？"

"我说的满足并不局限于物质，还有精神上的需求。"总经理耐心地说："归属感本来就是精神上的，而你要做的就是根据每个人的性格特点合理地安排他们的职位。让他们在合适的职位上发挥自己的价值。"

果不其然，在对新人进行培训的时候，范红特别安排了那些有经验的人作为每个团队的队长，让他们按照自己以往的经验带领团队完成虚拟的任务。这样一来，有经验的人在帮助和示范的时候，心理上得到了满足，而大学生则是跟着这些有经验的同事解决一个个的难题，找到自己存在的价值和团队归属感。

上述案例中，有经验的新员工之所以没有归属感，是因为他们在原来的公司没有得到充分发挥自己价值的机会。公司用人无非是"人尽其才，物尽其用"，否则将是公司最大的浪费。

不可否认，员工的归属感来源于公司的极力营造，这其中包含了待遇、环境、个人兴趣和参与感等四方面的因素。如果公司能够在这四个方面下功夫的话，必然能够让新员工很快融入团队，获得团队归属感，从而使他们尽快进入角色，为公司创造价值。那么，企业管理者该如何为员工打造团队归属感呢？

（1）在待遇方面

员工努力工作的本质是获得生活必备的条件，这其中包含了员工的薪酬和福利。虽然在薪资收入上让每个员工都满意是一件非常艰难的事情，但是管理者首先要明确的一点就是，人力是公司的资本，而不是公司的成本。所以，想要留住员工就必须在待遇上满足每个员工的最基本的生活需求。

（2）个人发展

个人的发展是每个员工都很关注的一点。有时候，一个人进入一个企业，看重的并不完全是待遇的好坏，更多的是看重这个企业能够为他提供的平台，也就是说，他能否在工作中体现自己的价值和发展是他决定去留的关键。企业管理者应该帮助员工在能力上有所提高，帮助员工进行职业生涯规划，如此一来，员工的归属感自然就能变得强烈。

（3）兴趣发展

企业管理者应该把员工当作自己的学生一样，注重培养他们的兴趣。让他们在兴趣中去学习和工作。例如，在公司年会上，管理者可以鼓励大家拿出自己的特长踊跃参加，为年会增光添彩。也可以鼓励有某方面特长的员工去参加社会上的一些比赛，在他个人取得荣誉的时候，也能提高他对公司文化的认同感。

（4）鼓励员工参与决策

员工最大的工作需求是参与管理决策。让员工参与决策对于任何一个管理者来说都是一件非常难的事，然而，这更是能够体现管理者素养的良好时机。例如，在进行项目决策的时候，如果能够让员工参与进来，那么，他就会更加尽心尽力地执行这个项目。同样的道理，在制定管理制度的时候，员工的意见如果能够得到认可，就可以避免员工屡屡犯错。

MANAGEMENT
IN THIS WAY IS MORE EFFICIENT

第三章

打造铁血团队，做"狮子"，还是养"狼群"？

企业的竞争力来源于人才，而人才发挥价值则依托的是团队。所以，管理者要有意识地打造铁血的团队，摒弃工作中的个人主义，以实现团队的不断壮大。

第三章 | 打造铁血团队,做"狮子",还是养"狼群"?

1. 工作中没有"超人",只有"众人"

俗话说,众人拾柴火焰高。在日常管理中,存在着这么一群管理者,他们能力非常强,在整个团队中一直是精英一样的存在,但是,他们喜欢独断专行,渐渐地成了团队中的"超人"。其实,他们是在作茧自缚,因为他们超强的能力,凡事总是一肩挑,这就使得下属失去了发挥特长的机会,让下属变得黯淡无光,而他们自己身上的担子就会变得越来越重,没有了喘息的机会。这对于一个团队来说,是一件非常可悲的事。如果所有的人都只顾自己,把自己当作"超人"的话,那就失去了团队合作的意义,从而最终拖累团队。

在一些公司中,精英或管理者总会把自己看得太重,总想着突出自己的能力,反而没有顾及到发挥团队的能力,所以,他们在工作的过程中其实是最累的。"一个篱笆三个桩,一个好汉三个帮",一个人的力量终归是有限的,同样一件事,即便这个人非常有能力,那也会花费很长的时间和精力才能完成,但是如果集合大家的力量,事情就变得轻而易举了。所以,在工作中并没有"超人"这一说法,所有的事情都是靠"众人"才能很好地完成的。

三国时代的诸葛亮几乎算无遗漏，无所不能，然而，他总是起早贪黑，食不甘味，睡不安寝。因为事必躬亲，对别人总是不放心，总担心手下人干不好。第一次兴师北伐，魏主曹睿派驸马夏侯楙调关中诸路军马前来迎敌。魏延上帐献计说："夏侯楙懦弱无谋，我愿意领兵五千，取路出褒中，顺秦岭往东，到子午谷往北，不过十日，就能到长安。夏侯楙知道消息后，必然弃城而去，我就从东而来，丞相就可以长驱兵马，从斜谷进发，一举拿下咸阳以西。"这实际上是"暗度陈仓"的巧用。而诸葛亮却以"非万全之策"否定了魏延的谋略，魏延因自己的建议没有被采纳而叹恨终身。

企业的管理者往往都是业界的精英，他们披着"超人"的光环，肩负着企业正常运行的大任。如果在工作中不能调动起众人的力量，充分发挥下属的聪明才智，反而只是突出自己的才能，结果只能是功败垂成。所以，在工作中是没有"超人"这个概念的，要知道一朵鲜花即便再怎么漂亮，也不能装扮出美丽的春天，一颗星星再怎么耀眼，也无法布满整个天空。只有发挥众人的价值创造能力，才会形成"众智之所为，无不成也"的局面。

2. 引进"鲶鱼"，让员工紧张起来

都知道挪威人喜欢吃沙丁鱼，尤其是鲜活的沙丁鱼更是他们的最爱，所以，市场上的活鱼价格高得要命。渔民

第三章 | 打造铁血团队，做"狮子"，还是养"狼群"？

为了赚取高额的利润，总是想方设法地运送活鱼回到渔港。然而，即便是通过各种努力，由于沙丁鱼生性喜欢安静，缺乏活力，所以绝大部分沙丁鱼在运输途中都窒息而死了。当然，无论哪个行业，总是有高人存在的——一条不太显眼的渔船总是能让大部分的沙丁鱼活着回到渔港。众人求教的时候，这个船长也是把紧了嘴，一直严守着这个秘密。

后来，老船长去世了，让沙丁鱼鲜活的秘密才公布于世。原来，船长在装满沙丁鱼的船舱里放入了一条以鱼为主要食物的鲶鱼。鲶鱼是一种生性好动的鱼类，进入船舱后，由于环境陌生，便开始四处游动，搅动了这一潭死水。这时候，沙丁鱼就变得十分紧张，一改懒得游动的习性，四处躲避鲶鱼。基于沙丁鱼的游动加速，缺氧的问题就迎刃而解了。如此一来，鲜活的沙丁鱼就被安全地运送到了渔港。这就是我们常说的"鲶鱼效应"，也被称为"非同类刺激"作用。

在企业管理的过程中，想要团队充满活力，以此提高企业的竞争力，就必须导入竞争机制，竞争可以给员工带来成就感，更是激发员工主动创造价值的内在驱动力。美国营销大师爱玛·赫伊拉曾说："不要卖牛排，要卖煎牛排的滋滋声。"因为滋滋声是一种听觉上的刺激，同样，把"鲶鱼效应"运用到管理工作中，所达到的效果也是一种刺激，只不过是一种心理上的刺激罢了。无论何种企业，时间久了，内部相对稳定的人员结构很容易让员工产生倦怠感。这个时候，如果企业适时地引进"鲶鱼"来制造紧张的气氛，就能使员工在心理上产生一种紧迫感，从而努力工作，以此来证明自己的能力和价值。

有一家新建立的服装厂，刚开始的时候，厂里的员工都是干劲十足的。但是由于工厂是计件拿工资的，而他们的制度又没有规定每件的价格，所以在年底结账的时候，即便是同一个车间做同一道工序的员工拿到的工资也不尽相同，甚至相差甚远。于是，第二年的时候，大家的状态就没有那么好了。

老板看到这种情况也是十分着急，但是如果突然公布每件的价格，由于他们做的衣服本身价格是不一样的，根本就不能把价格平均到每个工序上，所以他犯了难。后来，他在一次交货的时候，接触到了一位有名的企业管理咨询老师，他就邀请这位老师到自己工厂去实地考察一番，以便给出最佳的解决办法。

咨询老师调研后，对老板说："既然不能在价格上做到公开透明，那就从职位竞争上入手吧。不妨空降一位车间主管，然后宣布其他车间的主管将从内部选拔产生，相信会有效果的。"

老板按照咨询老师的建议去做了。经过一段时间，员工的情绪果然变得高昂起来。

这是许多企业都会出现的情况。员工由于没有了激励和竞争，就会不自觉地陷入"亚健康"的状态，没有了危机忧患的意识，很容易成为"温水里的青蛙"。任何团队，如果没有了工作的热情和斗志，就会变成一潭死水，慢慢地失去战斗力。因此,企业的管理者必须要在团队疲软之前,寻找最有效的办法,引进"鲶鱼",以此来激发整个团队的激情和价值创造能力。

有一家以销售为主要业务的公司,员工由于工作年限较久,通过提成都有一定的收入,所以就变得懈怠了。老板看到这种情况,心里非常着急,但是一时也找不到合适的办法来解决。后来有一天,他跟同行业的一位老板聊天的时候,吐露了心声:"他们学历比较低,在社会上肯定找不到合适的工作,而且,他们已经跟随我很多年了,肯定不能丢下他们不管。但是就目前的状况来看,他们不思进取,严重影响到了公司的发展,我真的不知道该怎么办才好。"

那位老板说:"原来的时候,我的公司也出现了这样的情况。毕竟销售公司对员工的学历没有过高的要求。但是后来一位咨询师建议我招聘一些学历和能力都比较强的人来刺激整个团队,没想到还真奏效了。"

听了那位老板的话,这家公司的老板回去就找猎头公司挖来了一位业务精英。结果,由于业务精英的到来,其他员工顿时感受到了威胁,于是拼命地打电话,推销自己的产品,有时候甚至不惜守在客户的公司也要拿下订单。最后,他们公司的业绩完全突破了以往的成绩。

这家公司的老板后知后觉,终于在关键时刻找到了解决内部问题的办法。试想一下,如果他任由员工如此下去的话,会出现什么样的情况呢?公司势必因为员工的不尽心而丢失很多客户，没有了客户，公司就没有了生存的根本。所以，引进"鲶鱼"是应对团队萎靡的最好手段，管理者可以很好地利用这一点来激励下属好好工作。

3. 将帅无能，累死三军

德鲁克说，领导决定团队。一家公司可怕的不是员工成长问题，而是领导没有成长！年轻的员工往往都干劲十足、渴望学习，愿意迎接具有挑战性的工作，而一些不良的领导者却躺在权力的宝座上不思进取，结果自己成了团队的"天花板"，这就是"管理代沟"。

诸葛亮平定南中之后，经过两年准备，公元227年冬天，就带领大军驻守汉中。汉中接近魏、蜀的边界，可以随时找机会进攻魏国。诸葛亮到了祁山，决定派出一支人马去占领街亭作为据点。当时他身边还有几个身经百战的老将，可是他都没有用，单单看中参军马谡。马谡这个人确实读了不少兵书，平时很喜欢谈论军事。诸葛亮找他商量起打仗的事来，他就谈个没完，也出过一些好主意。因此诸葛亮很信任他。但是刘备在世的时候，已经看出马谡不堪重用。他在生前特地叮嘱诸葛亮，说："马谡这个人言过其实，不能派他干大事，还得好好考察一下。"但是诸葛亮并没有把这番话放在心上。这一次北上的战役中，他派马谡当先锋，王平做副将。

第三章 | 打造铁血团队，做"狮子"，还是养"狼群"？

马谡和王平带领人马到了街亭，张郃的魏军也正从东面开过来。马谡看了地形，对王平说："这一带地形险要，街亭旁边有座山，正好在山上扎营，布置埋伏。"

王平提醒他说："丞相临走的时候嘱咐过，要坚守城池，稳扎营垒。在山上扎营太冒险。"

马谡没有打仗的经验，自以为熟读兵书，根本不听王平的劝告，坚持要在山上扎营。王平一再劝阻马谡无果后，只好央求马谡拨给他一千人马，请求在山下临近的地方驻扎。

张郃率领魏军赶到街亭，看到马谡放弃现成的城池不守，却把人马驻扎在山上，心中大喜，立即挥兵切断水源，掐断粮道，将马谡部围困于山上，然后纵火烧山。马谡几次命令士兵冲下山去，但是由于张郃坚守营垒，蜀军没法攻破，军心涣散，不战自乱。张郃命令乘势进攻，蜀军大败。马谡失守街亭，战局骤变，迫使诸葛亮退回了汉中。

马谡的失败是在受命的时候就已经注定了。因为他虽然熟读兵书，或许可以提出一些好的建议，但是他没有领兵布阵的实战经验，当身临其境的时候，不能很好地把控全局，所谓"当局者迷"，看不清战争的局势，以致于最后损兵折将，失守街亭。现实中，有一些管理者在谈工作的时候往往头头是道、滔滔不绝，看起来似乎一切已经尽在掌握之中，但是真正让他去带领团队攻克某个项目的时候，就会变得像无头苍蝇一样，毫无章法可言。致使整个团队在他的带领下，不但完不成任务，反而拖累了整个公司。

李文浩是一家上市公司的高管，而他之所以能够做到这一步，凭借的是他的口才。

认识李文浩的人都知道，除了能忽悠以外，他并没有什么特殊的才能。曾经在一家集团做分公司经理的时候，仅仅因为他不懂管理和用人，就让集团白白损失了几百万。离开那家集团后，他利用朋友的关系，经常出席各种场合的会议，也认识了不少人。从被别人认可到惨败逃窜，几经周折，才走到了今天这一步。

他希望能够在这家公司发挥自己的价值，然而江山易改，秉性难移，在管理工作中，他依然没有表现出可圈可点的优势。例如，公司在一次例会上，下派给他一件谈判的任务，这也算是他的特长，所以他就欣然接受了。既然是商务谈判，自然免不了要做一番准备。他让下属小刘去做沟通方面的事宜，小王则负责文件的整理和对方信息的搜集，这样看似非常合理的安排，却在谈判的时候出了纰漏。原来，小王准备的资料他根本就没有细看，而小刘沟通的结果他也没有记在心上。等到谈判的那一天，所有的准备都是徒劳的，他只是在按照自己的理解和计划进行。最后可想而知，由于他业务上的不熟悉，谈判最终还是失败了，导致他们公司失去了一次进军海外的机会。

管理者的无能表现，往往预示着整个团队将走向失败。上述案例中，李文浩如果能在谈判开始前充分利用已经准备好的内容，也就不会在谈判的时候摸不到头脑了。

一个人最大的悲哀是明明自己无能而不自知，他们刚愎自用，最终拖累团队。所以，作为企业的管理者，千万不能做那些"累人累己累街坊"的事，因为身处高位，你的行为足以影响整个团队的部署。

4. 管理不狠，团队不稳

对于管理者来说，最大的挑战就是能否在事情出现不好的苗头时，及时采取果断措施来转变下属的思想观念和行为习惯。被誉为"欧洲战神"的拿破仑曾经说过一句格言：一只狮子率领一群绵羊的队伍，可以打败由一只绵羊带领一群狮子的队伍。也就是说一个优秀的将领，可以将一支平庸的军队打造成极具战斗力的军队。企业经营需要这样的将领，他们既是制度的捍卫者，又是冲锋陷阵的急先锋。只有这样的将领才能带领企业攻克一个个项目，取得可喜的业绩。

在海尔的企业内刊上，有一张撼动人心的黑白照片，它记录的是 1985 年夏天"海尔砸冰箱"事件。

事件源于客户的一份反馈信。信中说海尔工厂生产的冰箱有质量问题。于是，张瑞敏突击检查了仓库，发现为数不多的 400 多台冰箱里居然有 76 台严重不合格。按照当时的销售行情，这些电冰箱稍加维修也可出售，可张瑞敏却作出了一个有悖常理的决定：开一个现场会，把 76 台冰箱全部砸掉。

张瑞敏让所有的工人都来参观，然后要求谁做的这个冰箱，谁亲手把它砸了。许多老工人都流泪了，因为那时候，工厂都开不出工资了。当时一台冰箱800多元，而职工每月平均工资只有40元，一台冰箱几乎等于一个工人两年的工资。于是，职工们纷纷建议把这些不合格的冰箱便宜处理给工人。

"如果便宜处理给你们，就等于告诉大家可以生产这种带缺陷的冰箱，今天是76台，明天就可以是760台，7600台……"张瑞敏的这句话已经做出了回答。他希望通过让员工自己亲手砸毁自己生产的冰箱来打开员工的思想桎梏，从而唤起员工严守质量关的意识，以及强化岗位责任的意识。

很多职工在砸毁冰箱时都流下了眼泪，平时浪费了多少产品，没有人去心痛；但亲手砸毁冰箱时，感受到这是一笔很大的损失，痛心疾首。通过这种非常有震撼力的场面，海尔彻底改变了职工对质量标准的看法。

从此，在家电行业，海尔人砸毁76台不合格冰箱的故事就传开了！至于那把著名的大锤，海尔人已把它摆在了展览厅里，让每一个新员工参观时都牢牢地记住它。

我们现在来看，张瑞敏在当时的情况下，绝对属于比较"狠"的，但也正是因为他的"狠"才彻底挽救了海尔。事实证明，如果没有那一锤，很可能就没有海尔人质量意识的落实，也就没有质量精品的出现，更不会有海尔灿烂的今天。正如张瑞敏本人说的那样："要么不干，要干就要争第一。好比一个拳坛新星的起步，他的目标必须首先就指向世界冠军，甚至要超越世界冠军。否则它不仅永远无法问鼎世界第一，而且一不留神还会被任何一个平庸的选手击倒在地。"

春秋时期，在齐国有一位叫孙武的著名军事家，他携带着自己撰写的《孙子兵法》十三篇去拜见吴王阖闾。吴王久闻孙武大名，看过之后就说："我已经看过了你的十三篇兵法，虽然讲得头头是道，但是理论还得需要战争来验证啊。你能不能用我的军队来演示一下呢？"

"当然可以。不仅如此，即便是由小女子组成的一支弱小军队，我也可以把她们训练得一样坚强勇猛。"孙武说。

吴王不信，于是召集了一百多名宫女、妃子，交给孙武训练。孙武将宫女分为两队，并让深受吴王宠爱的夏、姜两个妃子为队长。在训练前，孙武讲明在军事训练期间，无论任何人，不管有任何理由，都要服从命令，听从指挥，不服军令者，以军法严办，处以斩刑。这些宫女、妃子平时被宠惯了，只把孙武的话当耳边风。特别是夏、姜两妃，浓妆艳抹，嘻嘻哈哈，行动缓慢，就像游山玩水一样。吴王对此也是笑而不言。

孙武让她们往东，她们偏要往西，并不时地用媚眼不屑地瞅着孙武，哈哈大笑。这时候，孙武已经进入了角色，于是命人搬出铁钺，三番五次向她们申戒。然众女仍是哈哈大笑。孙武说："解释不明，交代不清，是将官的过错。既然交代清楚而不听令，就是队长和士兵的过错了。"说完命左右随从把两个队长推出斩首。

吴王见孙武真要斩杀他的爱姬,急忙派人向孙武讲情,可是孙武说:"我既受命为将军,将在军中,君命有所不受!"遂命左右将两名女队长斩了,再命两位排头的为队长。自此以后,众女兵无论是向前向后、向左向右,甚至跪下起立等复杂的动作都认真操练,再不敢儿戏。

优秀的管理者往往是一个狠角色,对自己狠,也对下属狠,但这种狠是基于更好地服务企业之上的。试想一下,如果孙武不够狠,对宫女和吴王妥协,那就不能成为一个合格的领导者,更不可能建立起一只庞大的狼性军队。没有团队的支撑,那么在战争中也就不可能取得胜利了。所以,管理者在管理下属的时候,一定不能对错误的事情妥协,要以制度为准绳,以激励员工为目的,从而达到使企业基业长青的最终目的。

5. 猛将必起于卒伍,宰相必发于州郡

任正非在华为的某次新年贺词中说:"要从各级组织中选拔一些敢于坚持原则、善于坚持原则并有成功经验的员工,通过后备队的培养、筛选,走上各级管理岗位。现代化作战要训战结合,干部要以基层实践经验为任职资格,'宰相必起于州郡,猛将必发于卒伍'。"艰苦的环境和条件,对人意志的磨炼、才干的锻炼、精神的洗炼,是平常

环境条件无法比拟的。现代企业选拔人才，第一个标准往往是学历，然后才是工作经历，其实这是与管理的本质背道而驰的。管理，首先强调的是这个人的任职能力，是这个人在工作过程中的一些认知，并通过认知的升华，产生的一种驾轻就熟的经验；其次，才是这个人的学历以及其他任职要素。

看过电视剧《李卫当官》的人都知道，李卫原来本是街头的一个小混混，没有学识，却有一肚子的草根智慧，胆大心细，眼珠一转就计上心来，活脱脱一个"韦小宝"。二者都是混官场，不过韦小宝玩转的是人情世故，李卫更倾向于一身率性歪打正着，装钦差劫法场、当县令斗恶霸、当知府惩贪官等。人赞"不学有术，率性而为"。然而，正是他在街头摸爬滚打的经验才促成了他最后的成功，成为历经康熙、雍正、乾隆的三朝元老。

岳子风的一双儿女岳思盈与小满在逃难的路上结识了同样逃难的李卫母子。于是四人结伴来到了江都县。就在李母与小满跟随着灾民一起哄抢粮食的时候，不幸被冠以谋反的罪名抓进了大狱。李卫为救他们二人，被迫假扮钦差劫法场，还巧妙地偷了同住一家客栈的十三阿哥的宝剑。四阿哥与十三阿哥紧随其后，想要观察一下李卫这个人。

在法场上，李卫假扮的钦差吓住了县令及所有官兵，成功地救出了李母与小满二人。四阿哥开始对这个不学有术、外邪内正的小混混表现出了极大的兴趣。于是安排李卫继续假扮钦差，用以转移太子党的注意力。李卫成功地挖出了杀害岳子风的凶手，即太子的亲信徐祖荫，而这时，他假扮钦差的事情也同时被太子的手下揭穿。于是，徐、李二人被双双押送回京。

这时候的京城，太子已经坐不住了，急于篡位，却最终被废。李卫由于在此次事件中表现得非常出色，被四阿哥收为包衣奴才，并被授命到最穷的苏阳县任县令。

初到苏阳的李卫闹出了很多笑话，但是也因为他的机智，歪打正着地惩治了当地的恶霸。到此，四阿哥就更加信任他了。恰好此时，因西北战事紧张，导致国库空虚，而税收重地扬州却因官商勾结，盐税迟迟未能上缴。于是，四阿哥委派李卫出任扬州知府，督察扬州贩运私盐的实情，严惩贪官，追回盐税，以解燃眉之急。

然而，李卫在扬州工作并不顺利，但是好在他本是草根出身，很好地混进了漕帮，顺藤摸瓜揪出了一大批贪官，成功地为朝廷追回了盐税。

电视剧的情节曲折离奇，跌宕起伏，而李卫的最终成功还是得益于他出身底层，在三教九流的人群中摸爬滚打，从而掌握了一些保命的智慧。所以说，真正的企业管理者必须是经过基层锻炼，一步步走上来的人才，而不是凭着学历一下子坐于高位的人。否则，只会在理论上谈得头头是道，却不能担当大任，带领团队为公司解决问题。

管理咨询师李岩在没有进入这一行之前，只是一家公司的业务员。常年东奔西走，终于在销售行业做出了自己的一点儿成绩。众所周知，销售人员的底薪很少，一般都是靠业绩来提高收入水平的。但是，他的部门经理总是拖欠着他的销售提成，于是，在一次发工资的时候，他终于想尽办法拿到了他应得的那一部分，然后就离开了那里。

他离开那家公司之后又从事了许多行业，但是结果总是因为企业管理上的弊端而损害了他的利益，使得他渐渐地对企业产生了抵触心理。于是，他决定用自己的能力改变周围企业的这些问题。他自费去攻读了 MBA，在学习的过程中，结识了一群高瞻远瞩的老板，并通过与他们的交流，再结合自己的经历，慢慢地找到了自己的方向——做一名管理咨询师，为企业解决管理中的问题。

现如今，许多企业在遇到问题的时候，都会找他来帮助解决问题。而他本人，则是根据自己以往所从事的各种工作，站在员工的角度帮助企业脱离困境。

作为一名优秀的管理者，如果不能深入基层，就不能把理论变为实践，也就不能在实践中提高自己的管理技能。

6. 千里马是"赛"出来的，而不是"相"出来的

企业管理者在选拔人才的时候，总挂在嘴边的一句话就是"是骡子是马，拉出来遛遛"，说明他们看重的是人才解决问题的能力。然而，企业内部良好的竞争氛围才是让优秀人才脱颖而出的最佳手段。竞争是市场经济的重要运行法则，只有在竞争中，每个人的自尊心、自信心和存在

感才能得到满足。企业管理者要做的就是创建和谐的企业内部竞争环境，从而刺激那些有能力、有创新精神的人才发挥自己的价值。

1988年，联想集团在社会上进行了一次公开的招聘，经过层层筛选，只有58个人成功地从500名应聘者中脱颖而出。杨元庆就是在那个时候进入了联想的大门。

刚开始，他所做的是销售代表的工作。他默默无闻，但坚忍、有毅力，表面平静却在内心里潜藏着无限激情，而且还善于学习，这都为他以后的成功打下了基础。由于他对客户的优质服务和良好的反馈，柳传志开始对他产生了兴趣。

1991年，杨元庆被任命为联想集团CAD部总经理。在此后的两年里，他带领着他的团队，奔波于以中关村为中心的北京电脑世界，在推销惠普公司绘图仪的同时，也推销"代理"这个对当时的中国人来说还比较陌生的概念。两年后，他这个部门的年销售额从3000万元增加到3亿元，多次获得美国惠普公司"全球最佳代理奖"。

1994年，他出任联想微机事业部的总经理，手握研发、生产、销售、物流供应和财务运作大权。而这个时期，正是国产电脑销售持续下滑、联想遭遇前所未有的挑战的时候。他临危受命，组建了自己的销售队伍，以"低成本战略"使联想自有品牌电脑销售出4.2万台，扭转了局势，成功跻身于中国市场三甲之列。杨元庆也因此被中国各界誉为"销售奇才"、"科技之星"。

第三章 | 打造铁血团队，做"狮子"，还是养"狼群"？

后来有人问柳传志为何在关键时候任用杨元庆时，柳传志说他已经研究杨元庆很久了。

刚过而立之年的杨元庆，认定有理的时候，在天大的压力下也不肯妥协。这让联想的一些老一辈创业者不太舒服，以致造成了激烈的冲突。于是，夹在杨元庆及"前辈"们中间的柳传志，决定让杨元庆学会妥协。有一次，在杨元庆正跟同事讨论的时候，柳传志走进来，坐在杨元庆对面，没有一句寒暄，劈头盖脸一通斥责。据说柳传志在骂哭杨元庆后的第二天给他写了一封信：只有把自己锻炼成火鸡那么大，小鸡才肯承认你比它大。当你真像鸵鸟那么大时，小鸡才会心服。

杨元庆从冲锋陷阵的将军转型为运筹帷幄的元帅，成为一匹驰骋商场的千里马，柳传志倾注了太多的心血。经过不断折腾，杨元庆最终被练就成了一名经得起任何压力的铁人，成为柳传志心中满意的千里马。

每个人都有上进心、自尊心，都不愿落后。没有竞争，就没有压力，没有动力，就不能发挥大家的潜能。柳传志说，只有在赛马中才能识别好马，才能发现千里马。在联想看来，最好的认识人才和培养人才的方法就是让他做事。

那么，作为企业管理者该如何让"赛马"能够有序进行呢？

（1）赛马要有跑道（公平性）

赛马首先要有跑道，即要给人才提供合适的岗位，让他们能够在公平的条件下进行竞争。没有公平的保证，即便是最优秀的基层人员也不能在相等的条件下参与进来，那么就失去了赛马的意义。

（2）赛马要有跑道的划分（公开性）

既然是赛马，就应该像正规的比赛那样，要有跑道的划分，而不是任由其乱哄哄地挤作一团。管理者应该引导他们进行有序的竞争。我们看短跑比赛的时候，每个参赛队员都有自己固定的跑道，只有这样才能保证他们顺利参加比赛。如果一旦脱离了跑道的限制，那么就会出现你推我拽的混乱局面。

（3）要制定比赛规则（公正性）

赛马从评价标准的编制、评价等级的确立、评价的组织实施都有严格统一规范的程序，即建立起一套较为科学的绩效考核和奖励评估体系。

（4）比赛要有周期性（实践性）

比赛要有周期性，也就是要不断地对脱颖而出的千里马进行观察和评估。因为企业的人才培养是一个动态的过程，是一个从实践到认识再到实践再到认识的过程。所以，赛马必须坚持以实践来检验，而不是凭感觉和主观意志为标准。

7. 公司要宽容"歪瓜裂枣"的奇思妙想

创建维珍公司的布兰森曾经说："如果我受雇于另一家公司，那么我的主管就需要容忍我有自己的想法和做事方

第三章 | 打造铁血团队，做"狮子"，还是养"狼群"？

式。"毫无疑问，他就是现下我们所推崇的"破坏式人才"，这样的人总是充满奇思妙想、不遵循所谓的规矩，并时常打破现行游戏规则。任正非也曾说过："公司要宽容'歪瓜裂枣'的奇思异想，以前一说歪瓜裂枣，就把'裂'写成劣等的'劣'。你们搞错了，枣是裂的最甜，瓜是歪的最甜，他们虽然不被大家看好，但我们从战略眼光上看好这些人。今天我们重新看王国维、李鸿章，实际上他们就是历史上的'歪瓜裂枣'。你怎么知道这些歪瓜裂枣就不是这个时代的梵高，这个时代的贝多芬，未来的谷歌？"

一家很知名的公司需要招聘一位项目经理，从国外回来的杨涛很荣幸地被选中了。杨涛在与董事长面谈的时候，很坦率地说："我希望我的团队能够按照我自己的方式去管理，并且不受公司制度的约束。"董事长对这个在国外长大的年轻人产生了很大的兴趣，他倒要看看这个已经无可救药的团队在杨涛的手下会变成一个什么样子。所以，他很爽快地答应了杨涛的请求。

杨涛上任的第一天，就制定了这么一条规定：本部门的成员可以按照自己最舒服的方式工作而不受公司制度的制约。这个规定一发布就在公司引起了不小的轰动。在其他部门看来，如果让下属任意而为，肯定会出乱子的。果不其然，第二天上班的时候，这个部门的员工有的搬走了自己的椅子，有的戴上了耳机，有的人居然穿了睡衣来工作。

这时候，董事长也有些受不了了，但是由于之前已经答应过杨涛，不干预他的管理，所以，董事长也就只能保持默不作声。但是，总经理却真的看不下去了，于是给杨涛的部门下派了更大的任务，以期用这种方式来促使杨涛改变初衷。

一个月过去了，杨涛这个部门的业绩不但没有下降，反而较上个月提高了不少。于是董事长又跟杨涛进行了一次比较深入的交流。"其实，人的天性本来就是不应该受到约束的。"杨涛说，"他们虽然不是技术人才，但是他们有自己的个性。我在国外的时候，见过很多公司都这样做，有些员工甚至可以把自己偶像的照片贴得到处都是。我希望我的同事也能够在自己最舒服的环境里发挥自己的聪明才智。"

华为《管理优化》中提出："作为管理者，要在公司价值观和导向的指引下，基于政策和制度实事求是地去评价一个人，而不能僵化地去执行公司的规章制度。在价值分配方面要敢于为有缺点的奋斗者说话，要抓住贡献这个主要矛盾，不求全责备。"那么，这样看来，上述案例中，杨涛的做法无疑是最可取的。因为他接手的是一个"无可救药"的团队，那么，想要重新激活这个团队，就必须在制度允许的前提下，突破管理思维定势，让员工变成脱缰的野马，充分发挥他们的聪明才智。只有这样，才能保持他们的个性，让他们真正发挥自己的价值并获得与贡献相符合的回报。

谷歌之所以能够保持创新活力，得益于该公司对基层员工的重视,通过各种方式来调动他们的创新积极性,在公司内部营造创新文化,实现良性互动。谷歌人事高级副总裁拉斯泽罗·鲍克说,谷歌一直以来都鼓励员工创新,努力保持尽可能多的表达渠道,让不同的人和不同的创意都能以不同的方式展示出来,让他们可以充分发挥自己的想象力,以此形成创新氛围。

那么谷歌在持续创新和不拘一格的管理方式上到底是如何做的呢?

谷歌工程师设计了一款名叫 Google Moderator 的创新管理工具。它可以实现在展开技术讨论或召开公司会议时,任何人都可以发问,然后由其他人投票选择自己喜欢的问题。通过这款工具,员工们就可以了解大家现有的想法、问题、建议,并进行投票,从而根据主题、事件或会议征求新的创意。

谷歌的经理、主管、总裁等管理层人数并不多,但一位工程师经理手下至少有 30 名直接下属。谷歌软件工程师福莱特表示,这是为了防止过度管理而专门设计的。试想一下,当你的团队有 30 个人时,你所拥有的干预空间就会减少很多,为确保团队正常运转,你必须想方设法为工程师们创造最佳的工作环境。

谷歌采取的弹性工作制,不会对员工的工作时间进行明确的规定,工作时间全由员工自己掌控,让他们根据自己的兴趣自由安排时间,以此来保证员工自觉高效地工作。

在谷歌,员工上班可以不用穿统一的服装,而且如果有需要，还可以带孩子或宠物去上班，并为员工设立了高档的员工子女托管中心。由于技术人员的工作非常辛苦，所以，他们可以随时安排休息，在办公楼打台球、按摩休息室按摩或到户外公园散步、到游泳池游泳等。此外，谷歌还建有豪华餐馆，并有免费美食可随意取用。

在项目管理方面，鼓励创新、允许犯错是谷歌管理的一大特点。谷歌希望创造一个百家争鸣的氛围，鼓励员工去尝试、允许他们犯错，使大家能够和敢于发表自己的看法，给各种创意一个去试验的机会。

谷歌创始人曾说："我们鼓励员工，在常规项目之外，能花20%时间去从事他们认为对谷歌最有益的事。这将带来更多的创造性和创新。我们许多重要成就都将以这种方式实现。"谷歌对于员工的人性化管理方式，的确是其他公司可以借鉴和学习的。它不但能够宽容员工的奇思妙想，还可以为这种充满了奇思妙想的员工提供最舒适的成长环境。

MANAGEMENT
IN THIS WAY IS MORE EFFICIENT

第四章
制定管理目标，激发员工积极工作的意识

　　领导力的本质是在让员工拥有梦想并确定个人短期目标的前提下，激发员工积极工作的意识，发挥员工的真正价值和潜力，同时，将他们紧紧地凝聚在一起，向着更高的目标奋斗。然而想要达到这样一个目的，除了员工自身需要努力以外，还需要管理者成为他们的造梦大师。

第四章 | 制定管理目标，激发员工积极工作的意识

1. 好的领导者必须是造梦大师

好的领导者必须是造梦大师。诚然，领导者并不一定都是冲锋陷阵的将军，他也可以是军师，只需要为部队制定战略目标，为部队规划一个宏伟的蓝图，鼓励他们为了这个蓝图奋勇拼搏。

首先，你应该让员工知道他们是为什么在奋斗，奋斗的结果是什么。在这一点上，管理者应该极尽完美地描绘未来的愿景。

其次，优秀的管理者会帮助员工制定短期和长期目标，让他们在短期目标中找到成就感，在长期目标中找到奋斗的方向。

刘丽的手下有一批低学历的新人，如何把这些人管好，同时带领这些人做出惊人的业绩成了她日思夜想的心头大事。作为女性管理者，给人的印象往往是靠美貌或能言善辩才走上高位的，而刘丽恰恰相反，美貌对于她来说并不缺少，然而，她却是靠自己的能力坐到了现在的位置。

在日常工作中，刘丽会给下属安排一些比较容易完成

的任务，她希望这些小小的成功能够激发下属的工作热情。而平时，她也会跟下属进行深入的沟通，告诉他们未来的发展方向，以及公司未来将取得的成就。久而久之，下属的士气就高昂起来了，有些下属还主动承担挑战更大的任务。

年底的时候，这个最不被看好的团队居然成了公司业绩最高的团队。在公司年会上，她的下属纷纷上台表示对刘丽的感谢，因为是她让这个成不了气候的团队找到了自信，也找到了自己的梦想。

像刘丽这样的管理者，在其他公司是大有人在的。他们是最优秀的造梦人，也是最优秀的管理者，因为他们明白该如何激发团队的创造力和进取心，更知道在适当的时候让团队接受挑战。如果刘丽因为自己的能力和经验就忽视下属，认为下属不堪重任，从而不去想办法为团队制造梦想，制造成功的喜悦，那么，她这个团队将一事无成。

伟大的管理者都是最优秀的造梦大师，他们不但能够让自己保持激情和斗志，还能善于帮助员工造梦，用以激励员工来为整个团队奋斗，彻底告别浑浑噩噩的工作状态，对自己的前程充满希望。这就是所谓的"梦想激励法"。

艾伦大学毕业后，由于当时的经济环境不太好，所以一直找不到合适的工作，因此，他变得越来越消沉。父亲不希望自己的儿子变成一个废人，就建议他先从基层做起，并帮他联系了一家集团。从此，艾伦就成了一名小小的机修工人。刚开始,他的想法很简单,只是希望能够安安稳稳地工作,帮助家里减轻一下经济负担。可是后来,在短短的两年时间里,他从机修工人到组长,再到车间主管,最后成了集团总部的一位高级管理人员。这是他在一开始没有想到的。

后来在母校分享会上,他说:"我之所以能够取得今天的成绩,关键在于公司的领导者,是他们一直在帮我'造梦',鼓励我制造梦想并为之奋斗。在进入公司的第一天起,我和一起去的几个同事就接受了全面的培训,其中最重要的一项就是规划自己的职业生涯。培训老师还帮助我们分析自己的优势,从而让我们对未来有了梦想。"

他告诫学弟学妹说:"你未来选择老板,除了他有人格魅力之外,一定还要是一位造梦大师,因为这样的人才是你的榜样,也是能够真正帮助你成长的人。"

在优秀的企业管理者手中应该有"两把火":一把火用来燃烧自己,让自己无论在任何状态下都能保持激情。"共和国四大演讲家"之一彭清一教授曾经说过这么一句话:"一个人没有激情和热情是很难成功的,激情和热情是什么?就是这个人对工作、学习、生活高度责任感的体现。"所以,管理者在日常工作中一定要保持激情和热情,并且让下属看到你的这种状态。另一把火用来燃烧团队,激励团队为了公司的梦想和个人的梦想去发挥自己的价值。如果一个团队没有了斗志,那么就会变得涣散,从而产生内耗的严重情况。所以，为了避免这种情况的出现，管理者手中的这把火必须要让团队燃烧起来，也只有这样的管理者才能带领自己的团队飞向更高、更远的地方。

诚然，梦想是一个虚无缥缈的东西，一旦运用不好的话，就会起相反的作用。所以，造梦者必须要了解每个人的能力与潜能，帮助他们创造可实现的梦想，并在此基础上把梦想无限扩大，而不是拿着空洞的梦想侃侃而谈，真是这样的话，下属可能就会昏昏欲睡了。所以，造梦者需要根据实际情况来帮助下属一步步地制造更大的梦想，并通过各种激励手段帮助他们实现梦想。唯有如此，下属才能在工作中保持激情，奋力向前。

2. 描绘美好愿景，调动员工积极性

在《三国演义》里，曹操对刘备讲了这样一个故事：那年夏天，曹操率领部队去讨伐张绣，天气非常热，部队在弯弯曲曲的山道上行走，已经口干舌燥，有几个体弱的士兵居然都晕倒了。曹操看到这种情况，心里非常着急，怕这样的速度会延误战机。于是，他稍加思索，便计上心头。他坐在马上，指着前面，说前面有一大片梅林，那里的梅子又酸又甜。士兵听到前方有梅林，一时间口生津液，士气大振，步伐不由得加快了许多。

在这个故事中，曹操充分地表现了他的聪明才智。他给下属描绘了一个可以解决当时困难的愿景，并由此来激励下属奋勇向前，从而达到了他的最终愿景，即讨伐张绣。

我们常常把"画饼"称为忽悠，把愿景称为不切实际的妄想。然而，在企业管理中，描绘美好的愿景是管理者必不可少的工作。美好的愿景是一个企业的精神支柱，也是整个企业团队为之奋斗的终极目标，它能让团队成员充满荣誉感，更能激发员工的创造力和凝聚力。李开复曾在《世界因你不同》这本书中提到："制定并与员工分享美好愿景，能充分激发员工的参与感和积极性，可以让整个团队保持激昂的斗志和坚定的方向，这是领导艺术的重要组成部分。"

心理学上也曾提到，当一个人特别用心的时候，大脑就开始创造了，而当这个人心理上没有负担的时候，大脑的创造力将达到最强的状态。所以，给下属描绘美好的愿景，绝对是一件能够让下属心情澎拜的事情，而这个时候，下属才能在最大程度上发挥自己的才能和价值。

孙磊原本在一家教育公司工作，工作内容无非是做一些文案工作，偶尔还会做一些策划和设计的工作，日子过得倒也算平淡。有一天，他原来公司的上司包总打电话给他，希望能够跟他找个时间聊聊。由于好久不见对方了，以前也跟着包总学到了不少职场上的东西，所以他就爽快跟对方约定了时间。

他们是约在一家咖啡馆见面的，相对来说，那里的环境也非常适合交流。故人相见，自然格外高兴。闲谈之间，包总问起了孙磊的情况。孙磊把在公司目前的困境和自己的工作成绩告诉了他，并诚恳地表示了对包总的感谢。

包总建议说："那你怎么不考虑换一家公司呢？"

"这家老板挺好的，而且现在公司正处在困难时期，我如果离开的话，就显得不厚道了。"孙磊说。

"我目前在一家很有前途的公司，而且现在非常需要像你这样技能全面的人才。"

"但是，我现在真的不能离开。"

"先别急着拒绝我。"包总说："你还不知道是什么样的一家公司呢。"

"那您说说吧。"孙磊在心里已经下定决心不会离开现在的公司了。

"我所在的公司是服务于青少年的，重在提高青少年的心理承受能力。你肯定在新闻上看到过，现在很多青少年的心理素质并不是很好，有点儿小挫折，哪怕是恋爱失败，就会走上极端。我感觉我们现在是应该做点儿什么了，不说为了全国的孩子，哪怕是为了我们自己的孩子，让他们能够在一个健康的环境中成长，让他们的身心能够得到全面的发展，我们也该去尝试一下了。"包总说，"你对自己的公司和工作负责，我是支持你的。可是你想过没有，你将来的发展是什么样的，你的孩子应该在怎样的环境下成

第四章 | 制定管理目标,激发员工积极工作的意识

长呢?"

"您容我考虑一下,这两天给您回复,如何?"孙磊有些动摇了。

我们可以预知,在上述案例中的孙磊是一定会答应包总的建议的。在这里,包总只是提出了一个共同的愿景("共同愿景"这一概念是由彼德·圣吉在他所著的《第五项修炼》一书中率先提出的)。他用新闻报道的事实情况很好地为孙磊展现了这样的一个景象:孩子由于心理素质太差,在成长的过程中,因为一点儿挫折就伤害自己,要么离家出走,要么意志消沉。那么,想要避免这种情况,就要从现在开始,立志于服务青少年,帮助他们提高心理素质,让他们都能在成长过程中变成勇士,"敢于直面惨淡的人生"。再加上,包总非常了解这个曾经的下属,知道他愿意去为一件有意义的事情付出努力。所以,结果就可想而知了,他一定能够争取到孙磊。

企业的管理者需要用愿景来刺激下属的价值创造能力。那么,如何把愿景传递给下属呢?毫无疑问,讲故事就是其中最有效的手段。

迪士尼公司就是最擅长讲故事的企业之一。米老鼠、唐老鸭、小熊维尼、兔八哥、加菲猫等等深入人心的卡通形象和他们的故事,生动地传达出公司的愿景:为全世界的人制造快乐!由于在迪士尼乐园中的卡通人物都是真人装扮的,所以,在新员工入职培训的时候,他们必须熟悉

每个产品所搭载的故事情节，然后从意识里解放自己员工的角色，以主人的形象来招待从世界各地到来的游客，让游客在迪士尼乐园的每一分钟都能感受到快乐。而员工在给游客带来快乐的同时，自己也能从中找到存在的价值。

迪士尼公司这种用故事直接传达愿景的方式无疑是非常有效的。众所周知，公司规模比较小的时候，愿景传达的路径还是比较顺畅的。但是当企业规模变大的时候，公司制定的愿景就只有少数的几个人知道了。而当员工无法了解到公司未来更广阔的发展前景时，就会对工作失去信心，是很难产生自豪感与归属感的，更不用说积极性了。

3. 你是想卖一辈子糖水，还是想跟我改变世界？

伟大的目标构成伟大的心灵，可以产生伟大的动力，从而成就伟大的人物。没有远大的目标会使人失去动力！没有具体的目标会使人失去信心！流沙河的《理想》里也曾提到：理想是石，敲出星星之火；理想是火，点燃熄灭的灯；理想是灯，照亮夜行的路；理想是路，引你走向黎明。

1983年，乔布斯在确认苹果公司总裁人选的时候犯了难，因为迈克·马库拉不喜欢裁决纠纷，而自己当时也没有管理公司的能力。于是他们开始在公司外部寻找合适的人选。他们首先锁定的是唐·埃斯特里奇，然而很不幸，他们遭到了唐·埃斯特里奇的拒绝。于是他们扩大了选择的范围，不再局限于科技高管这个圈子。后来，他们把目光锁定在了当时最红的消费产品营销奇才、百事公司百事可乐部门总裁约翰·斯卡利的身上，他的百事挑战（Pepsi Challenge）系列推广活动，在广告宣传方面曾经取得了巨大的胜利。然后，乔布斯与约翰·斯卡利进行了一次非常深入且愉快的谈话，但是并未确立合作关系。因为斯卡利还在犹豫。在最后一次的谈话中，斯卡利试探性地提议说也许他们应该只做朋友，他可以作为局外人给乔布斯提出建议。斯卡利后来讲述了接下来那个最为激动人心的时刻："史蒂夫低着头，看着自己的脚。在一段沉重的、不舒服的沉默之后，他向我抛出了一个问题，让我几天都无法释怀——你是想卖一辈子糖水，还是想跟我改变世界呢？"这么一句极具煽动性的语言至今仍被世人津津乐道。

煽动性的语言往往能够触及人们心里最柔软的地方，让大家感动并为之付出自己的努力。就像拿破仑说的那样："不想当元帅的士兵不是好士兵。"企业的管理者必须是最优秀的造梦大师，而这种梦想的传递又要求管理者是一位口才极佳的演讲家。

"你是想卖一辈子糖水，还是想跟我改变世界呢？"这看似是一个问题，又不是一个问题，反而像是一种宣言，如同马丁·路德·金的演说一样，瞬间可以让人们的心灵燃烧起来。

2000年11月19日,世华创办人姜岚昕去延安演讲,归途中去黄帝陵拜祭祖先。工作人员向他介绍说,很多伟大的人物来过这里,香港和澳门回归之后,董建华和何厚铧也亲笔为黄帝陵题写了祭陵词。当他跪在地上,叩击九响钟声,面对着祖先,思绪万千。他的灵魂在那一刻升华了,他叩问自己存在的价值,并于2001年创办了世华智业集团。从此,"为世界华人的富强而努力和服务,使华人企业成为世界经济的脊梁"的使命感召着一批又一批的人为之奋斗。

比尔·盖茨曾说:"我不是在为金钱工作,钱让我感到很累。工作中获得的成就感和体现出来的使命感才是我真正在意的。"使命即目标,这是一个人能够努力奋斗的方向。

作为管理者,在工作中一定要有一个明确的目标。如果连自己都不知道怎么做,那么下属就会更无所适从。没有目标就没有行动,就不能很好地带领下属在竞争激烈的市场中杀出一条血路。提到目标,就不得不说一下那个大家耳熟能详的故事了。

在一个工地上,有三个石匠正在努力地工作着。这时候,有一个人经过这个工地,就问石匠在做什么。

"我在做养家糊口的事,混口饭吃。"第一个石匠回答。

第二个石匠一边敲打石块一边回答:"我在做整个国家最出色的石匠工作。"

"我正在建造一座最美丽的大教堂。"第三个石匠回答。

几年后，他们是什么样子呢？第一个石匠手艺毫无长进，被老板炒了鱿鱼；第二个石匠勉强保住了自己的饭碗，但只是普普通通的石匠；第三个石匠却成了著名的建筑师。

这是管理大师彼得·德鲁克的《管理实践》一书中的一个小故事。第一个石匠的问题就在思想上、意识上的落后，没有上进心，没有进取精神；第二个石匠在本质上是个空想家，看得太远，想得太远，反而无法做好手中的工作；而第三个石匠不仅热爱自己的工作，而且充满激情，并且朝着这个目标不懈努力，希望有一天能干出一番理想的成绩。德鲁克提醒管理者永远不要忘记企业存在的理由和为之奋斗的目标，不要因为沉湎于追逐高深的理论和技艺，而忘记了这些手段要实现的目的，更不能允许将手段等同于目的。在德鲁克看来，第三个石匠才是一个管理者，因为他用自己的工作影响着组织的绩效，他在做石匠工作的时候看到了自己的工作与建设大楼的关系，这种人的想法难能可贵。

4. 常对下属说，你的工作很重要

陈华由于刚毕业，而且所学的又是一个非常冷门的专业，所以，他在新的公司总是显得有点儿自卑，在对待工作上，也是领导让干什么，他就不遗余力地做好。由于存有自卑的心理，他平时也很少跟其他同事聚会，公司集体活动的时候，他也是孤零零的一个人。

　　这种怪异的行为引起了他的顶头上司张航的注意，后来张航就特别留意了一下陈华的工作，他发现这个刚毕业的小伙子工作非常努力，而且很少出错。接下来，张航就交给了陈华一些比较特殊的工作，通过一系列的接触，他终于明白原来是自卑的心理在作祟。在张航看来，身为一个领导，他有必要帮助陈华从自卑的阴霾中走出来。于是他总是在陈华完成一项工作的时候，对陈华说："呀，你做得实在太好了，这简直就可以作为学生的学习案例了。""你对我来说真是太重要了，如果没有你，我还真不知道该怎么修好这个电脑呢。""没想到你的文案写得这么好，看来其他同事也是非常需要你的帮助啊。"

　　就这样，张航用自己的言行表达了对陈华的喜爱与重视，甚至在公众场合都毫无保留地表达出陈华的重要性。慢慢地，陈华变得开朗了，与同事之间的交流也多了起来，甚至在关键时候还能主动帮助同事解决很棘手的问题。

　　后来，在一次同事聚餐的时候，已经升任主管的陈华对张航说："这是我离开学校的第一份工作，如果没有您的帮助与肯定，恐怕我已经回老家做小生意了，是您让我找到了自信。"

　　我们知道，张航其实并没有做什么多么了不起的事，而恰恰是这种对下属不断表示肯定的小事改变了陈华的一生。如果作为管理者,张航没有注意到陈华的怪异行为,或者没有帮助陈华改变意识,那么,陈华也就只能碌碌无为地过完此生了。

在许多公司,一些管理者为了找到当领导的感觉,很少对下属的工作表示肯定,反而不断地在工作中寻找下属的错误,以此来显示自己的威严。其实,这种做法完全是错误的,他们不懂得肯定下属的价值——让下属更大程度地发挥自己的价值,并为公司创造更大的财富。

那么管理人员如何才能使下属感受到自己的重要性呢?

(1) 倾听

优秀的管理者要有倾听的习惯。在倾听的过程中,管理者可以了解到员工的心声,从而让员工有机会表达自己的意见。简单来说,就是管理者要有主动倾听的意识。如果管理者不愿意付出努力去倾听和理解,那么,即使再多的建议也无助于提高倾听的有效性,更别说让员工感受到自己的重要性了。

(2) 授权

在管理者赋予下属责任的同时,一定要让他们得到相应的权力。心理学上说,当人们被赋予某项责任的时候,会感觉到自己的重要性。

(3) 表达欣赏之情

任何人都渴望被赞美。所以,管理者在日常工作中,不要吝啬自己的赞美，要非常直接地表达出对下属的欣赏。只有这样，你才能让下属真实地感受到他的付出没有白费，他的努力你能看到。

当然，让他人感觉到自己重要的方法还很多，企业领导者们都可以学习并加以应用。作为一个注重人力资源开发的领导，应该多给予自己的下属以鼓励，从而激发他们的潜力。

5. 送给下属超过预期的礼物

在企业管理的工作中，我们常常看到领导会给下属准备一份小礼物。其实，礼物贵重与否不是最重要的，重要的是，这份礼物代表了领导对下属的一份心意、赞赏、认可和关怀。如此一来，下属的工作热情就会在短时间内得到提高。当然，这样的管理行为也能有效地化解上下级之间的误会，从而使彼此双方更加信任，提高工作效率。

韩雷在一家咨询公司做销售工作。虽然是一个普通的课程销售人员，但是他还是很努力地为公司奉献着自己的聪明才智。几乎在每年的年会上，他都是优秀的典型，也是被评为"最具贡献奖"次数最多的人。然而，他从来未曾奢求过董事长会记得自己，只是一心想着努力工作，用心学习，希望将来能够闯出自己的一番天地。但是，一次事件，让他改变了原来的打算，一直在这家公司工作到现在。

那是他结婚的那一天，由于老家在农村，他很早就请假回家了。同事问起的时候，他也只是很随意地告知了对方结婚的喜讯，由于是在农村举办婚礼，也就没有邀请同事参加，只是打算回来以后请大家吃过饭后就办理离职手续了。

结婚那天非常热闹，所有的亲朋好友都前来祝贺。宴席刚开始，就接到了一个同事的电话，询问他家的具体路线，说要过来参加他的婚礼。由于平时他俩关系不错，他就把地址告诉了对方，还开玩笑说如果他不去，肯定饶不了他。谁曾想，没过多长时间，一阵喇叭声在他家的门口响起。

原来，公司的董事长得知员工在这一天要举办婚礼，专门推迟了课程来表示祝贺。董事长对他说："你在公司的付出，你们经理已经全都告诉我了。为了表示对你的感谢，我特意去给你买了一辆车作为贺礼。还有，这是同事给你的贺礼。"董事长递过来一个厚厚的信封，韩雷感动得都不知道说什么好了。接着，董事长拉着韩雷父母的手说："感谢你们生了一个非常优秀的儿子，我代表公司的全体同仁给你们鞠三个躬表示感谢。"还没等其他人反应过来，董事长的腰已经弯了下去。

这个礼物实在太贵重，也太出乎他的意料了。于是，他下定决心在这家公司一直工作下去。

　　合格的管理者往往懂得给下属带来惊喜，无论礼物大小，只要能超出对方的期望值，那么就能让下属感动，就会提高其创造价值的能力。管理者的能力是通过下属在公司创造出的价值来体现的，而下属能否创造价值，关键还是要看管理者在日常工作中如何对待下属。如果管理者只是对下属一味地吹毛求疵，把下属当作耕地的黄牛一样，用皮鞭来驱使，那么，就不可能创造出辉煌的业绩。但是，如果管理者把下属当作平等的人来对待，偶尔送出一些小礼物，那么，结果就大不相同了。

　　陈涛所在的部门有两个经理，胡总相对来说跟他走得近一些，而魏总则是看他哪里都不顺眼。后来，陈涛离开这家公司以后，对他的朋友说："我之所以跟胡总关系好一些，主要是因为他平时出差回来总会带一些地方特产送给我。有时候，赶上节假日，胡总还会请我去外面吃饭谈心。当然，聊天的内容也无非是我的生活情况和如何解决工作中出现的一些问题，有时候他对于一些问题还会征询我的建议。其实，我在乎的并不是他送的那些礼物，而是我从他那里感受到了他的信任和重视。而魏总就不一样了，在他那里基本就是一言堂，我根本没有表现能力的机会。最主要的，我在他身上看不到信任和包容，稍有不对，动辄就是大吼大叫地当面批评，再不然就是克扣工资了。"

　　从上述案例中，我们不难看出，陈涛之所以跟魏总关

第四章 | 制定管理目标，激发员工积极工作的意识

系不好，并不是因为没有收到礼物或不请他吃饭，而是，魏总根本没有重视下属的意识。相比较而言，胡总的做法就比较可行了。虽然决策权在管理者手中，但是，如果想要决策能够落地，得到很好的执行，就必须要广开言路。胡总在跟下属处理好关系的同时，也能尊重下属提出的建议，自然就能得到下属的认可。所以说，经常给下属一些惊喜，然后通过这些惊喜的不断升华，就可以很好地把管理中的沟通问题做好了。这样，下属也能在管理者的不断征询中提高自己，提高工作的积极性。

那么，管理者如何把握赠送礼物的时机呢？以下给出的几点建议可供参考。

（1）法定节假日

对于下属来说，这样的日子是他们最重视的。管理者切不可找各种借口占用他们的这些日子。当然，在很多公司，员工在节假日这一天都会收到公司赠送的慰问礼物。那么，管理者不妨改变一下以往的方式，比如在中秋节的时候，可以把订购好的月饼提前拿给下属品尝一下，然后根据下属的反馈进行调整。相对于直接发放到下属手中来说，这样就更加体现公司对下属的尊重了。

（2）下属的生日

有一家公司，他们会把每位新入职员工的生日记录下来，等到这位员工生日的那一天，他们会抽出1-2个小时的时间专门为他庆祝生日。毫无疑问，这样的惊喜实在是

一份巨大的礼物。

（3）下属取得某项成绩

每个公司都会对下属做出的成绩设立相应的奖励制度。如果直属上司能够在这个时候表示自己对下属的认可，并赠送一些小礼物，那么对于下属来说，这就是额外的惊喜了。

（4）下属结婚等喜庆的日子

作为管理者有两个选择：一是及时送出自己的礼物表示祝贺；二是在当天突然出席，并送出下属意想不到的惊喜。

（5）下属生病或遇其他状况

这个时候，管理者最应该做的就是让下属感受到家人一样的关怀。管理者可以考虑为下属提供带薪假期或送上礼物，并诚恳地表示对方的工作很重要。这样，下属就会感激你为他所做的一切。

6. 有足够的薪水，还要有足够的重视

员工的工作成绩需要得到团队或企业的认可，也只有在获得认可的情况下，员工的价值创造力和工作积极性才能充分地发挥作用。然而，很多管理者会认为员工是他花钱请来工作的，没必要再笑脸相迎，故意讨好。其实，这

种想法是非常错误的。首先，管理者和下属之间是平等的合作关系，彼此之间也是双向选择的；其次，下属往往在工作中会做一些额外的工作，这一点是无法用薪水来衡量的。所以，企业管理者在给予下属足够薪水的同时，还要给予下属足够的重视。

在企业管理中，重视下属的态度和情绪是决策得以落实的关键。因为公司的决策往往是由下属去执行的，需要下属的努力和付出才能完成。

企业管理者通常会犯的一个错误就是不考虑下属的感受。脾气暴躁的管理者还常常把"不想干，就滚蛋"这样类似的话挂在嘴边，虽然不至于打骂，但是给下属的感觉就是管理者不把下属当回事，于是就产生了"有我没我一回事""这个领导不值得跟随，还是尽早为自己考虑"的想法，那么，公司的决策也就无法正常执行了。

小倩毕业后在一家图书公司做编辑工作。刚开始，她勤勤恳恳，总希望能够把工作做到最好。后来，编辑部主任的一些行为深深地伤害了她，使得她感受不到来自公司的重视。

变故起源于小倩与编辑部主任的一次沟通。那天，小倩拿着自己做好的选题找到编辑部主任，希望能够在这方面得到他的指点。可是主任看了她做的选题之后，并没有说什么，只是表示还不错，至于哪里需要修改他却绝口不提，只是敷衍着说现在很忙，等一会儿再说。

小倩信以为真，于是等到下午的时候，又去求教了。可是，这次主任就显得不耐烦了，说："你自己不会想吗？最烦你们这样动不动就那么多问题的人了。"

其实，作为下属小倩向主任求教并没有什么过错，反而是主任那种高高在上的姿态和不耐烦的表情及语言深深地伤害了小倩。因为他对小倩自主学习的良好行为没有足够的重视，反而在语言上打击对方，击垮了小倩的上进心。

美国哲学家约翰·杜威说，人类本质里最深远的驱策力就是"希望具有重要性"。当员工被给予认可的时候，才能从内心产生做好工作的欲望。没有哪个人是不求进取的，没有哪个人的工作是不希望得到别人肯定的。不求上进的员工是企业以及其工作环境造成的，而这种氛围的产生，恰恰是团队或管理者一手造成的。如果一个管理者不肯给予员工肯定，吝啬自己的欣赏，那么，对于员工来说，这种打击绝对是致命的。所以，薪酬的高低，只是对员工工作认可与重视的一个方面而已，员工追求更多的是精神和荣誉上的认可与重视。

7. 决不让"雷锋"吃亏

在《华为基本法》中有这么一条规定，即"华为主张在顾客、员工与合作者之间结成利益共同体。努力探索按生产要素分配的内部动力机制。我们决不让雷锋吃亏,奉献者定当得到合理的回报"。很多人都认为"雷锋"属于另类人——"傻子",但是这样的"傻子"却是一个企业得以长久生存的支柱。在当下,许多企业都以华为为标杆,也确实把华为的一些理念应用到了自己的企业当中,也因此聚拢了一大批兢兢业业的优秀人才。

王哲在一家教育公司做策划工作。说是策划,那也仅仅是名义上的。因为他所做的工作有很多,除了策划的本职工作以外,还要兼带着文案、网站运营、资料整理等,如果再加上他的顶头上司临时安排给他的工作,他就更加焦头烂额了。所以,他每天待在公司的时间最长,相对于其他同事来说也是最辛苦的。

有一次,他的上司在没有跟他商量的情况下,很不负责任地答应了一个客户随口提出的要求,即在网上看到他们前些日子参加活动的一些照片和视频。而他的上司根本没有考虑到实际的网速和素材大小这些客观因素,就一口承诺当晚就让对方看到效果。自然,这个任务就落到了王哲身上。

王哲当时就提出了质疑,并希望上司能够把时间推迟到第二天晚上。但是他的上司却以关系到公司的信誉回绝了他。王哲没有办法,因为他的董事长本身就是一个很守信誉的人,不能因为这么一个工作就让客户失望,于是,他决定加班完成这项几乎是毫无意义的工作。

凌晨四点的时候，王哲终于把照片和视频筛选完并上传到了网上。拖着疲惫的身体回家后，他就把这件事忘到了脑后。不曾想，在中秋节这一天，董事长除了安排聚餐和发放礼物之外，还专门为王哲的家人准备了一份丰厚的礼物。董事长说，他已经知道了王哲加班的事情，并且表示，在他这里决不会让"雷锋"吃亏的。

在上述案例中，我们不难看出，对于王哲来说，作为下属和公司的员工，竭尽全力去维护公司的声誉是再正常不过的事了，却没想到董事长已经把他的付出看在了眼里，记在了心上。然而，话说回来，如果他付出努力，而上司却不闻不问，公司也没有任何表示的话，很可能在以后的工作中他就不会表现得那么尽职尽责了。

很多公司都不缺少像王哲这样的"雷锋"，他们勤勤恳恳、任劳任怨地工作，凡事以公司的利益和名誉出发，在工作中从不计较个人的得失。可是，很多公司的行为却深深地伤害了他们。因为，他们的付出并没有得到公司的认可，反而有些管理者因为舍不得支付过多的奖励就对这些"雷锋"的付出充耳不闻，当作看不到的样子。如此一来，"雷锋"就慢慢地变得懈怠了，随波逐流地跟随着其他同事的脚步，仅仅盯着自己的本职工作。而如果公司的所有人都处于懈怠状态的话，那么，这样的公司也是无法长久的。

那么，企业管理者如何才能做到不让"雷锋"吃亏呢？

（1）**完善相应的奖励制度**

所有的企业都希望也都强调员工的奉献精神。然而，当员工付出了辛勤劳动的时候,企业反而退却了——对于已经并长期任劳任怨、不计得失的员工视而不见,认为他们的付出与努力是理所应当的。这就使得企业形成这样一个状态:管理者找不到值得重用的人,"雷锋"员工只盯着本职工作,普通员工总想着见缝插针地偷懒。

设立相应的奖励制度,不仅可以补偿"雷锋"的无私奉献,更可以激励普通员工为公司发挥自己最大的价值。当然,这种奖励应该是区别于其他奖励制度的,比如,对于长期艰苦奋斗的员工,在年终的时候给予特别的惊喜;对于有新想法、新创意的员工,及时给予表扬等。如此,企业便会形成一种在各司其职的同时也纷纷献计献策的良好状态。

(2) 改革工资制度

华为推行的"以岗定级、以级定薪、人岗匹配、易岗易薪"的工资制度,实行的就是基于岗位责任和贡献的报酬体系,在很大程度上为更多新人的成长提供了上升空间。

众所周知,华为在创业之初根本没有足够的资金,创业者们把自己的工资、奖金投入到公司,每个人只拿很微薄的报酬,绝大部分干部、员工长年租住农民房。而正是老一代华为人"先生产,后生活"的奉献精神,才让华为挺过了最困难的岁月,支撑起了华为的生存、发展,才有了今天的华为。所以,华为一直秉承着"不让雷锋吃亏"的理念,其基于评价给予的激励回报也是对付出者的一种肯定。

（3）完善基本保障

管理者应该视员工为财富，把员工当兄弟姐妹一样对待。在这一点上，海底捞对待员工的方式是值得所有企业学习的。海底捞的管理者把员工当作兄弟姐妹一样对待，尽最大可能地为员工着想。举个例子，海底捞给员工提供的都是正规住宅，里面有空调和暖气，宿舍必须步行20分钟之内可到工作地点。不仅如此，还有专人给员工宿舍打扫卫生；宿舍里可以免费上网，电视电话一应俱有。这些看似小事，却体现了公司对员工的重视程度。

总之，如果企业或者管理者让一直努力付出的下属"吃亏"了，势必会引起下属的不满，也会由此引发一系列的连锁效应。所以，为了不让"雷锋"心寒，不让公司失去最优秀的人才，管理者一定要在机制上保障不让这些"雷锋"吃亏。

MANAGEMENT
IN THIS WAY IS MORE EFFICIENT

| 第五章 |

管理者要学会用权：
授权和监督是左右手

如果管理者管得太多、管得太宽，员工就容易产生依赖性。这也是现下很多管理者抱怨"累"的根本原因。领导想要不累，就要把权力下放给下属，让下属成为执行决策的主要力量。

1. 权力下放，给下属自由发挥的空间

作为一个优秀的管理者，应该尽可能地把权力下放，把自己不想做的事以及别人能够比自己做得更好的事，果断地授权给下属去做。只有这样，管理者才能拥有自己的时间去思考和处理更重要的事，才能不被千头万绪的琐事缠身。

周萍在一家公司做文案工作。相对来说，这样的工作还是比较轻松的。

某一天，公司要组织一场大型的活动。由于周萍思维敏捷，工作细心，所以临危受命，被上级安排去做了会务的工作。周萍不辞辛苦地找会场、调配人员、布置场地。她原以为是由自己独立完成这项任务的，没想到刚开始就遇到了诸多的不顺利。首先是上级对各种环节表达了自己的看法，然后又是其他部门的领导提出特殊要求。整个工作做下来，她都不知道自己是会务还是普通员工了。

上述案例中的周萍就没有得到授权，无法进行独立决策。作为管理者，首先要明白一点，那就是授权是将工作的权力和责任分配给下属，它是建立在完全信任的基础上

的。也就是说,授权的结果必须是下属能够独立做出决策,而不是仅仅参与决策。这两者是不同的概念。

我们知道,授权通常要经历职务分配、授予权力、责任分配和形成义务四个步骤。

(1)职务分配

它指的是管理者想要让下属完成某项任务或活动,就必须在授权之前分配给下属相应的职务,让下属在实施权力之前先了解自己的职责范围。

(2)授予权力

授权的本质是让下属代理自己的职责,也就意味着你的权力将转移给下属,他将全权代表你去完成某项任务。

(3)责任分配

一般来讲,权责是不分家的,有什么样的权力就应该承担什么样的责任。换言之,也就是当你赋予下属权力的同时,也就赋予了他相应的责任和义务。权力大于责任,就会造成权力的滥用,而责任大于权力,势必也承担不了相应的责任。

(4)形成义务

一旦你把权力赋予下属,你就要保证你的下属能够正确履行职责,所以,你还要为下属创设义务。这样就能使得下属有责任完成分配给自己的工作,同时有义务不折不扣地拿到满意的成果。

那么,管理者为什么要授权呢?

（1）授权可以为管理者节省更多的时间

汉斯是美国一家百货公司的老板，虽然公司规模很大，但其依旧采用小店铺的管理模式，对公司的上上下下逐个把关：哪个管理者做什么，该怎么做；哪个员工做什么，该怎么做，他都会细致入微地布置。

有一次，他好不容易抽出时间和家人去拉斯维加斯度假，可是才出门两天，反映公司问题的邮件和电话就源源不断，而且大都是一些琐碎小事。这使汉斯不得不提前结束这次假期，早日回到公司处理那些琐碎问题。

管理者每天的工作时间是相同的，但不同的是管理者在相同时间内的工作效率。这就需要管理者进行时间管理，而授权恰恰可以让管理者能够更有效地利用时间，把精力集中于公司发展的总体方向和工作协调上来。

（2）授权有助于培养下属，提高下属的责任感

授权是激励下属成长和发展的一种有效途径，让他们为将来的晋升做好准备，同时也能增强下属的责任感，让下属更加热情地支持自己的决定，而不是被动地接受。著名的教育改革家魏书生说过："局长不做副局长的事，副局长不做股长的事，股长不做办事员的事。这样，人人有事干，人人乐于干事。"可见，真正有智慧的领导就在于"在其位，谋其政，不在其位，不谋其政"。如果你想成为优秀的管理者，那就用好手下的人，做好分内的事，努力为下属搭建舞台，放手让下属去干。

（3）授权可以有效地改善管理者和下属之间的关系

管理者和下属之间本身就是一个矛盾的存在，而授权则表现出了管理者对下属的充分信任。如此一来，由于下属得到了信任，就会更加珍惜与管理者之间的协作关系。

在海底捞，100万以下的签字权限一般由副总、财务总监和大区经理负责，大宗采购部长、工程部长和小区经理拥有30万的签字权，店长则拥有3万元的签字权。最值得一提的是，在海底捞无论什么原因，只要员工认为有必要，就可以为客人加一个菜或免一个菜。像这样大胆的授权在民营企业中实属少见，由此也可以看出，海底捞的成功就在于它不仅给了员工物质上的丰厚回报，更给了他们充分的信任，让他们一起收获幸福和成就。这也是海底捞的管理奥秘所在，也就难怪别人提到企业管理就拿海底捞作为典范了。

总而言之，授权就是给下属自由发挥的空间，让下属在执行权限的过程中不断提高自己，为公司的发展提供最大的才智。在授权的过程中，最忌讳的就是管理者从头参与到结束。这种授权是毫无意义的，因为在管理者的参与下，下属不能自由发挥自己的才能和价值。

2. 管理就像放风筝，要掌握力道和时机

管理者授权的一个重要任务就是找出最合适的人选，在适当的时机赋予他们合适的权力，让他们可以自由地发

挥自己的才能，为企业贡献出自己最大的价值。诚然，管理者不可能把权力下放给自己不信任或没有能力的人，而是要赋予那些能够为企业带来活力的"千里马"。美的创始人何享健曾说："很多事，他们不用请示我。我要找人，几分钟就能找到。""我能把职业经理人放得很远，又能收得很紧。""办企业靠的是人才，在行业里我认为我的经理人是最优秀的。在企业里，我什么都不想干，不想管。我也告诉我的部下，不要整天想自己怎么把所有的事情做好，而是要想如何把事情让别人去干，找谁干，怎样为别人创造一个环境，你要做的是掌控住这个体系。"由此可见，何享健的确是一位懂得授权，又能掌握授权分寸的领导者。

那么，什么样的人才值得管理者授予权力呢？

(1) 服从命令的人

服从命令并能够不折不扣拿到成果的人是一个企业的财富。这样的人会把公司的决策竭尽全力执行到底。美国西点军校的第一条军规就是无条件服从命令。

(2) 明白自己的权限

我们在公司经常可以见到这样的人，他们由于受到领导的器重，往往变得目中无人，甚至还会越权行事。结果呢？这样的风光只是暂时的，没有哪个领导会喜欢这样的人，而这样的人往往也不能担当大任。只有时刻不忘记自己身份，能够在权限之内行事的人，才是值得信任的人。因为这样的人，即使遇到了权限之外的事，也会第一时间反馈给领导。

（3）敢于担当的人

一个公司真正的支柱是那些即使领导不在也能尽职尽责，担负起重担的人。而且，这样的人有一个特点，就是拥有"功归部下，失败由我负责"的胸怀和度量。

（4）拥有处理问题能力的人

在不越权的情况下，可以凭借自己的判断和能力把突发事件处理好是下属难能可贵的地方。所以，这样的人最容易成为管理者的左膀右臂。

当然，在管理工作中，仅仅有授权是不够的，因为管理就像放风筝一样，需要收放有度，只有这样，风筝才会飞得更高、更稳。没有授权和不懂收权，都是企业管理的极端。没有授权，管理者会很累，企业也很难做强做大。不懂收权，则会出现官僚主义、形式主义，也会出现滥权、专权、贪权。如此一来，企业内部就会出现勾心斗角、效率低下、欺上瞒下的"困兽"局面，严重影响到企业的发展。所以，管理者在授权的同时，也要有收权的准备，只有做到收放自如，才能称得上是一位优秀的管理者。

3. 管头管脚，但不要从头管到脚

韩非子曾说："上君用人之智，中君用人之力，下君用己之智。"也就是说，管理者如果只是依靠自己的能力是干不成大事的，只有善于授权，充分利用下属的聪明才智才能更好地管理公司。

孔子有个学生叫子贱。有一次，他出任到某个地方做官。到任以后，他却常常弹琴自娱自乐，对于政务毫不上心，但是在他所管辖的范围却被治理得井井有条，民业兴旺。

子贱的政绩和悠闲让他的前任官吏百思不得其解，因为他每天即使起早摸黑，从早忙到晚，也没有把地方治好。于是他去请教子贱，问："为什么你如此轻松，却能把辖区治理得这么好？我亲力亲为，起早贪黑，却上下不满意呢？"

子贱回答说："你只靠自己的力量去行事，所以十分辛苦，效果却不好；而我借助别人的力量和智慧来做事，所以力量就大，事情就能做得好。"

作为企业的管理者，在管理工作中就要像子贱一样，善于利用下属的力量，发挥团队协作的精神，这样，才能使团队尽快成长起来。所以，管理者不能像搞教学工作的教授一样，把简单问题复杂化，相反，在公司的管理方面，你管得少一些，反而收获就会多一些。一个伟大的管理者必须要懂得放权的艺术，而且，从某种意义上来说，放权本身就是管理的一种工具。管理者要管头管脚，但不能从头管到脚。那么，为什么在很多企业会出现管理者在工作中从头管到脚的情况呢？

（1）不信任下属

古狄逊定律中提到，一个累坏了的管理者，是一个差劲的管理者。作为管理者，尤其是拥有卓越能力的管理者，常常会认为下属在执行决策的时候不能做到自己预期的那样。所以，在下属执行决策的时候，难免会过问执行的过程，甚至还要亲自操作一些关键的环节。如此一来，下属不但没有成长，管理者自己也会变得从早到晚忙得不可开交。

（2）害怕工作失控

有一次，有个男孩儿问迪士尼创始人沃尔特·迪士尼会不会画米老鼠。迪士尼回答不会画。然后，小男孩儿又问他是不是负责想所有的笑话和点子。迪士尼说也不是，他只是把自己当作一只小蜜蜂，从片厂的一角飞到另一角，搜集花粉，给每个人打打气。

不可否认，有些管理者的控制欲很强，所以对于授权的问题非常敏感。但是，管理本身就是一门让别人干活的艺术。更何况，授权的目的就是为了把事情做得更好。所以，管理者只要能够跟下属保持顺畅的沟通，比如采取"关键会议制度""书面汇报制度""管理者述职"等手段，强化信息流通的效率与效果，就能从根本上避免工作的失控。

（3）与下属争功

有一个销售人员的能力非常强，在公司的业绩也非常突出，每年都会被公司评为"最具贡献人才""金牌销售员"。后来，公司提拔他为销售经理，走上了管理岗位。然而，他并不能改变自己的角色，为了能够保持自己的销售业绩和荣誉称号，常常与下属发生冲突，并且对下属的销售工作从来不给予支持。久而久之，下属就纷纷跑到了其他的销售团队，而他自己也最终因为众叛亲离，重新被打回了销售员的岗位。

真正的管理者应该是像松下幸之助那样，是一位后勤服务人员，即要扮演"幕后支持者和策划者"的角色，而不是在前台与下属争功。

（4）怕影响员工的正常工作

许多不授权的管理者都会认为授权会影响到下属的正常工作。在他们看来，下属已经拥有了本职的工作，如果再对其进行授权的话，难免会影响到下属去完成本职工作。这个理由看起来是合情合理的，但是从另一方面也可以看出管理者对下属能力的把控和对下属的信任完全没有达到一个高度。

优秀员工的流失并不是因为他们不能做好本职工作，更大程度上是没有足够的空间来发挥自己的才能。他们渴望接受挑战，并从挑战中获得成功的喜悦。

（5）下属不了解企业的规划

下属不认同管理者和企业的决策，在很大程度上是管理者的责任，因为作为一个管理者没有把企业的发展规划原原本本地告知下属，又怎么能获得他们的认同呢？

如果管理者总是不把公司的一些重要信息告知下属，久而久之，下属由于看不到公司的发展方向，就产生了退却心理。没有哪个人喜欢被牵着鼻子走，所以，管理者在一些事情上必须要对下属公开。让下属掌握这些信息的同时，对其进行充分的授权，使其能够担起大任。

4. 让每一个员工都充分行使岗位自主权

二战结束后不久,欧洲盟军总司令艾森豪威尔出任了哥伦比亚大学校长。由于刚刚到任,需要了解很多情况,所以,副校长就安排他听取学校各个部门的汇报。考虑到人员太多,所以,只安排了会见各院系的院长以及相关学科的联合部主任,每天会见三位,每位大概要谈半个小时。

在听取了几天的汇报以后,艾森豪威尔叫来了副校长,问他总共要听多少人的汇报。当副校长回答有60多位的时候,艾森豪威尔不由得大吃一惊:"天啊,太多了!你知道我从前做盟军总司令,那是人类有史以来最庞大的一支军队,但我只需接见三位负责直接指挥的将军,至于他们的手下,从来不需要我去过问,更不用说接见了。没想到当一个大学的校长,竟然要接见那么多人。更何况他们汇报的内容我几乎都听不懂,这样太浪费时间了。我建议你制定的那张日程表可以取消了。"

后来,艾森豪威尔又当选为美国总统。某天,在他打高尔夫球的时候,白宫那边送来了非常紧急的文件需要他批示。他的助理已经事先拟定好了"赞成"和"否定"两个批示,只需要他签名就可以了。但是由于他一时不能做出决定,所以便在两个批示后面都写了签名,然后对助理说:"我现在做不出决定,那就请副总统尼克松帮我批一下吧。"然后,若无其事地去打球了。

艾森豪威尔的做法,在本质上就是让下属充分行使岗位自主权的表现。如果所有的事都需要他来决策的话,先不说他能不能忙得过来,累不累,单说副总统因为没有其他事可做,俨然就成了一个摆设了。在当下企业管理中,许多老板把副总的事情抢着干了,副总无事可做,于是就去抢经理的事,而经理无事可做的时候心里就开始发慌了,于是就去把主管的事给做完了,主管总不能闲着吧,只能做了员工该做的事。最后,就形成了这样一种情况,即老板、经理和主管都忙得要死,而员工却变成了真正没事干的人。

所以,领导者在管理企业的时候,最佳的手段就是让下属充分行使自主权,通过合理授权,最大限度地挖掘和调动下属的积极性。成功的管理者一定是敢于授权,并全力支持下属工作的那个人。

杰克·韦尔奇有一次在参观一个工厂的生产线时发现工人并没有什么权力,只是被动地机械性地重复同一个动作。于是,他问厂长能否适当地给工人一些权限,让他们有一定的自主权。但是很遗憾,厂长否决了他的提议。

但是,韦尔奇并不死心,又做出了一个假设,即在每个工人的操作台上设置一个按钮,当他们想休息的时候,只需要按下按钮就可以停下来休息。如果精力充沛的话,就可以一直做,甚至可以提高传送带的速度。

虽然在场的所有人都不看好韦尔奇的这个想法,但是他还是出台了这样的政策，想要试验一下。试验结果大大超出了众人的料想，工人并没有出现偷懒的状况，生产效率反而提高了不少。

韦尔奇给了员工充分行使岗位自主权的权力，在很大程度上调动起了员工内心的激情。这也是为什么在授权以后员工没有偷懒的根本原因。员工不是机器，在工作中需要有一定的自主权，这样才能充分调动他们的情绪，提高工作效率。杰克·韦尔奇的实践证明，把决策权尽量下放给那些做事的员工，可以极大地提高做事的效率，因为他们最了解自己的工作，了解真相。

无独有偶，荷兰控股公司的总裁也是一位敢于放权，让下属行使岗位自主权的老板。在他看来，给下属一些权力，在另一个层次来讲就是让下属承担更多的责任。

很久以来，各分公司的管理者主要是执行总部的决定。但是，他们并不过于重视执行过程和最终拿到的成果，因为在他们看来，这不是自己的责任。于是，范·弗利辛根决定把90%的权力下放到各分公司的管理者身上。如此一来，各分公司由于总部对自己的信任，在工作上就更加尽心尽责了。而范·弗利辛根在权力下放之后，从来不会对员工的工作做过多的干预，而是给他们充分的发挥空间。

范·弗利辛根认为，员工是真正在做事的人，你可以向他们提问，但是他们需要自己去摸索，而不需要别人去为他们安排一切。正是得益于范·弗利辛根的充分放权，在1995年的时候，公司的销售额一下子达到了110亿美元。

管理的本质就是让别人干活。管理者通过合理授权下属，使权力下放，让下属拥有岗位自主权，在调动下属积极性的同时，也让下属能够根据自己所处位置的实际情况制定相应的对策。正如范·弗利辛根所说的那样，授权的同时也是在赋予相应的责任。当下属都负起发展企业的责任之时，这个企业才能够长久生存下去。

5. 给猴子一棵树，给老虎一座山

管理学中认为，没有最差的员工，只有最差的管理者。"给猴子一棵树，给老虎一座山"，强调的就是提供一定的条件或环境，使人尽其才，充分施展他们的才华；使物尽其用，最大限度地发挥他们的作用。

诺贝尔化学奖的得主奥托·瓦拉赫，其成才之路恰好说明了这一点。在中学时期，他的文学课程在结束的时候，老师对于他的表现做出了评价：瓦拉赫很用功，但过于拘泥，这样的人即使有完美的品格，也决不可能在文学上发挥出来。

于是，无奈的父母只能让他改学油画。然而，他并不善于构图，对色彩和艺术的理解也非常差，等到一个学期结束的时候，他的成绩排在了最后一位。面对如此笨拙的学生，所有的老师都认为他是一根朽木，不值得再进行雕琢。

然而，化学老师却非常看好他，认为他做事谨慎，最适合化学实验。于是化学老师建议他的父母让瓦拉赫改学化学。这一次，瓦拉赫没有让父母和老师失望，他的智慧在化学领域得到了更好的发挥。

如果把老师看作管理者，而把瓦拉赫当作下属的话，化学老师无疑是最称职的管理者，因为他能发现下属的才能，并加以利用和培养，从而给了瓦拉赫足够的发挥空间，也因此造就了一个化学奇才。试想一下，如果化学老师也跟其他老师一样的话，相信在后来也就没有那位诺贝尔化学奖得主了。

《史记·高祖本纪》记载刘邦在谈到用人时曾说："夫运筹帷幄之中，决胜千里之外，吾不如子房；镇国家，抚大众，给馈饷，不停粮道，吾不如萧何；连百万之军，战必胜，攻必取，吾不如韩信。此三人，皆人杰也，吾能用之，此吾所以取全国也。"由此可见，一个明智的管理者绝对是能够合理利用人才的那个人。因为他知道该把下属放在哪个位置上，才能让下属尽情地发挥价值。如果管理者把不善于交际的人放到了客服的岗位，那客服工作就会变得一团糟，但是，如果把这样的人放在了文字处理的岗位上，相信他一定能够在公司大放光彩的。

管理者在用人的时候，一定要本着"人尽其才"的原则，把合适的人放到合适的岗位，这样才能让其更好地工作。比如，如果有那种吹毛求疵的下属，那么就把他放到管理的岗位；如果是那种杞人忧天的下属，就把他放到安保的位置；如果喜欢聊天的下属，只能是让他去搞宣传了。人才，也需要管理者把他放在合适的位置，才能为公司更好地创造价值。美国政治家富兰克林说："宝贝放错了地方就是废物。"清朝顾嗣协的《杂兴》中也说："骏马能历险，犁田不如牛；坚车能载重，渡河不如舟。舍长以就短，智高难为谋；生材贵适用，慎勿多苛求。"同样，在管理中，人才放错了位置就成了庸才。所以，管理者应该尽可能地给猴子一棵树，让它不停地攀登；给老虎一座山，让它自由纵横。

6. 从此刻开始，你就是老板

在下属被授权的那一刻开始，他就是"老板"了。当然，这里所说的老板是在被充分授权的前提下，行使的一种无干扰的权力。目的在于培养下属的主人翁意识，从而更好地帮助企业解决工作中遇到的难题。

小冉在一家管理公司做高管。但是由于经验不足，遇到决策总是会征询总经理的意见。

总经理其实是非常看好这个高学历又认真学习的下属的，只是他需要一种办法来让小冉快速成长，成为他的接班人。因为在他们公司有这样一个明确的规定，凡是得到提升的管理者，在离任之前，必须找到合适的接班人，否则就不能得到提升,直到培育出接班人为止。而总经理的能力已经得到了总部认可,在一次会议中,总部也明确表示,要把总经理提升到副总裁的位置。所以,总经理希望小冉能够快速成长,接替他的位置。

有一次,总经理在跟另一个副总裁汇报工作的时候,提出了自己现在所面临的困扰。副总裁只是笑着说:"那是你的问题,当任命你为总经理的时候,你已经是那里的老板了。像如何培养下属的这种事不应该来问我的。"通过谈话,总经理心里有了办法。

某天,小冉因为会议场地的问题,又来请示总经理。

"你问我怎么办,其实我也不知道该怎么办。"总经理说:"现在唯一的办法是你自己对比各个场地的优劣势,进行合理的选择。当然,你做得好,自然会得到奖励,做不好的话,就只能受到惩罚了。在给你授权的那天起,你已经是这个项目的老板了。你唯一能做的就是马上去履行自己的职责,而不是站在这里征询我的意见。当然,我也相信,你一定能够处理好这件事的。"

这下,小冉彻底傻眼了,因为在以往,总经理都会手把手地教她该如何做,现在看总经理的态度,明显是要放手不管了。

最后小冉还是做到了。因为她没有了依靠,自己却一下子成长起来了。当然,总经理也成功地进入了总部。

上述案例是每个公司都会遇到的情况。很多企业的管理者在授权给下属以后,下属由于处理问题的经验不足,往往会频繁地请教上级，而这个时候，上级就像成了下属的员工一样，尽心尽力地帮助下属解决问题。其实，这就是管理中的"反授权"。

一旦出现反授权的情况，管理者的角色就调换了。事情处理得好，那就是下属的功劳，但是如果事情没有达到预期的效果，这时候，下属就有话了——那是按照你的指示做的，对错跟我都没有关系。所以，管理者想要避免反授权，就要在授权的时候明确告诉下属"从现在起，你就是整个项目的老板"。

有一家啤酒企业，每年五六月份都会定期召开销售动员大会。总经理张云川每到这个时候都感到非常头疼。因为上次召开会议的时候，张云川问："今年我们的任务是3000万的销售额，大家有信心完成这项艰难的任务吗？"在他的预想中，大家应该是齐声呼"能"的。可是这个时候，区域经理说："照目前的情况来看，是有一定困难的。首先，电视广告到现在还没有投放，如果再这样下去，去年跟我们合作的客户可就要选择其他厂家了。"

"我们的销售流程还不能确定下来，甚至促销形式和对合作客户的优惠，您那里还没有批示。"市场总监说："我们的管理还有待完善，要不然市场就无法拓展了。至于广告投放的问题，到目前为止，还没有设计部那边的消息。"

诸如此类的问题一下子都暴露出来了，各个部门相互推诿，都不愿意承担这份责任，而所有问题的矛头都指向了总经理张云川。最后，张云川不得不承担起了所有的责任，而且还降低了销售任务，只是希望大家竭尽全力而已。

而在这次的动员大会，总经理张云川只是在会上公布了5000万的销售任务，然后对众人说："你们是每个部门的老板，至于怎么完成销售任务，那是你们的事情，我不参与讨论，也不干预你们的决策。"随后，他就直接走出了会议室。

上次的事件明显是张云川遭受了问题反授权和责任反授权。各部门的负责人在承担任务的时候，首先想到的是责任是谁的，还有什么困难上级没有解决，以致形成了相互推诿、互不担责的局面。而后来张云川直接把这种情况给规避了，没有再征询大家的意见，而是简单地设定了目标，至于用什么样的形式，通过什么样的手段来实现这个目标，就不是他要考虑的事情了。

所以，管理者一定要有这样一个概念，即当权力下放给下属以后，下属就成了某个项目或某个部门的老板，至于怎么达成最终的结果，那就是他们之间相互协作的事了，与自己无关。只有这样，下属才能真正担起责任，树立主人翁意识，为公司解决问题，而不是像上述案例中的那样，相互推诿扯皮，置工作于不顾，只想从责任中把自己剥离出来。

那么，管理者究竟该如何应对反授权，让下属意识到"自己就是老板"呢？

首先，管理者应该让合适的人在合适的时间得到应有的权力，只有这样才能从根本上杜绝反授权；其次，为了避免授权失控，管理者要做到有限授权，即在用人上做到用人要疑，疑人也要用，做到管理过程和结果的统一、授权和反授权的统一、信任和不信任的统一。还有就是，授权时要明确做到权、责、利相结合，也就是要明确告知下属什么该做，什么不该做，做好了会如何，做不好又会如何。

总之，管理者在授权的同时，一定要保持对授权的把控，但不能干预被授权人的决策，要让下属培养独立思考和解决问题的能力。即使下属真的无法解决，也一定要要求下属给出建议方案，从侧面鼓励下属自己拿主意。

7. 敢于质疑上级决策，而不只是盲从

质疑上级的决策是一个合格管理者的最基本表现。管理者的职责并不是完全按照上级的指示做事，而是在权力范围内把工作做好，同时，对于上级的决策要有一个宏观的认识，从领导的角度出发来评断决策的可行性和正确性。只有这样，公司内部才能形成有错必改的良好风气。

大名鼎鼎的哲学家柏拉图，在小时候就敢公开质疑权威的苏格拉底。有一次在课堂上，苏格拉底拿出一个苹果，让大家闻闻空气中的味道。这时候，一个学生说，他闻到了，是苹果的香味儿。苏格拉底没有说什么，只是用手举着苹果，慢慢地从每个学生面前走过，并叮嘱大家一定要

仔细闻闻，空气中到底有没有苹果的香味儿。

这时候，大部分学生都举起了手。然后，苏格拉底再次走到讲台上，问有谁闻到了苹果的香味儿。这一下，除了柏拉图以外，其他学生都把手举了起来。苏格拉底走到柏拉图面前，问他："难道你真的什么气味儿也没有闻到吗？"

"我真的没有闻到。"柏拉图说。

然后，苏格拉底高兴地对大家说："柏拉图是正确的，因为这只是一个假苹果。"

柏拉图之所以是对的，是因为他有质疑精神，而不是盲从其他人的观点。只有质疑，才能探究出真相，才能通过探究真相取得更好的成绩。上司不是权威，即便是权威，在决策上也不一定全是正确的。所以，作为管理者一定要敢于质疑上司的决策，而不是盲从行事。

有一家中型公司，经过上层的商讨，决定把总部搬到一个喧闹的地方。这时候，经理人吴伟提出了反对的意见。这让管理层的人感到非常吃惊，因为他们完全没有想到这项决策会遭到这个名不见经传的经理人的反对。

吴伟平时很少发表自己的观点，尤其是在这种高层的会议上更会表现得沉默寡言。然而，这一次，吴伟却有不同的见解。在他看来，员工需要有一个良好的环境才能更好地工作，而那个地方由于在闹市区，非常喧杂。而且，他还收集到了很多证据来证明他的团队无法在那个新环境里安心工作。

由于吴伟的证据和坚持，公司最终还是采纳了他的意见，没有把总部搬到那个喧闹的地方，而是另外找了一个同样在市区中没那么吵闹又不失繁华的地方。

事实证明，吴伟的建议是明智的。他的团队很快适应了新的办公环境，而且由于相对安静，他的团队还创造出了公司有史以来的最好成绩。

经理人要学会说不。所幸在关键的时刻，吴伟做出了最合理的判断，并真正避免了公司的决策失误。管理者要有质疑的精神，并在以公司利益为前提的条件下，坚持正确的判断，避免公司遭受损失。领导并不一定全是对的，他们也是人，也会受限于思维的局限性，所以，管理者的一个重要的职责就是"管理"上级。胸怀宽广的领导者绝对不会起用唯命是从的管理者，因为他需要管理者来解决问题，而不是按照自己的决定行事。

小泽征尔是世界著名的音乐指挥家。1955年，小泽征尔以优异的成绩从桐朋学园毕业，这时候的他已然是一位颇具才华的青年指挥家了。但是，为了追求更高的梦想，他在1959年踏上了赴欧留学的道路。他搭上了一艘开往法国的货轮，在经过两个多月的海上奔波以后，终于来到了音乐艺术极为发达的法国首都巴黎。来到这里以后，他到处寻找着学习和发挥自己才能的机会。在一个偶然的机遇里，他获准参加了当年九月举行的贝藏松世界指挥比赛，而且得益于他的才华，他顺利地进入了前三名的决赛。

在进行前三名决赛时，他被安排在最后一个参赛，评判委员会交给他一张乐谱。小泽征尔以世界一流指挥家的风度,全神贯注地挥动着他的指挥棒,指挥一支世界一流的乐队。演奏中,小泽征尔突然发现乐曲中有一处不和谐的地方。刚开始,他以为是乐队演奏错了,然后就让乐队停下来重新演奏一次。但是到了那个地方,他仍然觉得不自然。于是就向评委陈述了自己的意见。但是,在场的作曲家和评委都十分确定乐谱没有问题。这一刻,小泽征尔的内心产生了动摇,他开始对自己的判断产生怀疑,但是,他经过再三考虑,还是坚信自己的判断是正确的。于是,他再次向评委确定一定是乐谱错了。

他的话音刚落,评委台上就响起了热烈的掌声。原来这是评委们设计的一个圈套。前面的选手虽然也发现了同样的问题,但是由于他们不敢质疑,最后放弃了自己的判断。

如果小泽征尔不能在最后坚持自己的判断,那么就不能在比赛中胜出。作为管理者,在领导授权以后,无论领导会有什么样的决策,都要根据实际情况进行判断,要敢于质疑领导的决策,这样才能避免工作中的失误。

第六章

有效沟通，顺畅的交流让管理更高效

沟通在管理工作中是必不可少的一个环节，是增进管理者与下属交流的纽带。良好的沟通，可以让事情更好、更顺利地完成。然而，企业的管理者却往往不太重视沟通，因为在他们看来，管理者与下属地位并不太平等，没有必要告知下属做事的理由。这也是为什么很多决策无法执行的根本原因。

1. 有效的沟通始于倾听

沟通作为人与人进行思想交流、建立良好关系的一种交际活动，不仅是传达思想观念、沟通感情的过程，也是人们消除误会与分歧，最终达成共识的有效方法。只有达成共识并被正确理解和执行的沟通才是最有效的。那么，怎样做到真正的有效沟通呢？俯下身去，耐心倾听别人意见、观点或看法，确实不失为一种行之有效的方法，甚至是实现良好沟通、达成共识的必要条件。

一天，有位知名主持人采访一名小朋友："长大后，你想要做什么？"小朋友天真地回答他："要当飞机驾驶员！"主持人接着问他："如果有一天，你驾驶的飞机飞到海洋上空，突然此时所有引擎都熄火了，你会怎样做？"小朋友思索了一下，然后告诉主持人，他会先通知飞机上的人绑好安全带，然后他挂上降落伞先跳出去。

面对小朋友的回答，所有现场的观众都为此感到很惊讶，几乎每个人都发出了感叹的唏嘘声。正当所有的眼光都聚焦在这位小朋友身上时，让主持人和现场的观众没想到的是，孩子竟然哭了，这引起在场所有观众的不解。主持人紧接着深挖其中缘由。小朋友的回答透露着一个孩子天真的想法——他要去拿燃料，他还要回来！

细品这则故事，你就会发现，倘若你在听到面对飞机出现故障，这位"飞行员"说要自带降落伞逃离时，你会和故事中大多数观众的看法一样，因平时受太多社会阴暗面的报道影响，会不自觉出现人心冷漠、世风日下的悲观主义，觉得这位小朋友置全舱乘客的性命于不顾而独自逃生，是极为自私的表现。然而，在听完小朋友的最终答案，揭开谜底时，我们才真正地了解到这位小朋友内心的真正想法。小朋友的回答，让在场的主持人和观众无不感到羞愧和内疚。

这则故事看似不起眼，但其蕴含的深意让人触动至深，同时，它对企业的管理沟通也有着很大的启发意义。它告诫我们，沟通时，要保持平和的心态，不要试图将自己的思维意识强加于同事或下属的身上，更不要根据不充分的信息而妄下结论。更重要的是，要耐心听完对方所表达的意见和观点。在沟通交流过程中，千万不可听话听一半，更不要将自己主观臆断的东西强施于人，这是沟通的大忌。

陈志强是某公司销售部的经理。有一天，他刚到办公室，就接到公司客户服务部传来的一份投诉：销售员王琦在向客户推荐保修专业商店时，未能推荐公司官方指定的商店，而是私自找了一家资质很差的商店，这属于典型的违反公司规章制度的行为。

他看后，没想到属下会做出这样的事情来，颇为气愤。如果按照往常他的处理办法和他急躁的性格，他肯定会对员工狠批一顿，大骂一通，但这次却有所不同，他决定另辟蹊径，换种方法处理问题。

面对员工的过错和问题，他先冷静下来。在他看来，问题本身不应成为谈话的目的，而顺利解决问题才是谈话的方向和目标，然后细致地了解事件的背景情况。随后，他便去见了张琦。

在谈话中，陈志强井然有序地把发生的事情客观地讲了一遍后，直明来意：这次谈话的目的是寻找真正的原因，避免以后再次发生。面对张琦给的一些解释和辩解，陈志强并未像以往一样大吼大骂，而是耐心地倾听，频频点头。虽对张琦的一些考虑和做法有不同意见，但他表示理解。这让张琦彻底放松下来，觉得领导很诚恳，很亲切，便一五一十坦诚地向陈志强道出了事件原委。

有效的倾听者，用耳听内容，更用心听情感，也只有这样的倾听，才能有效沟通，并达成共识。案例中，陈志强一改往常做法，选择用心聆听的方式，就是在接受对方，尊重员工的基础上，让员工坦诚交代事情原委以及认识到所犯的过错，就是一次最成功的交流。有时候，有效倾听虽然面临来自各方面的障碍，但是只要我们努力克服，并灵活运用有效倾听的技巧，那么通过沟通，达成共识就变得轻而易举了。

交流是一个自我表达、宣泄情感的途径，而倾听则是接受对方、尊重分歧的过程。在现实中，总有不少人喜欢对他人侃侃而谈，但从不耐心去听别人的看法或观点。"喜欢说,却不耐心听"几乎已经成了每个人共有的通病。这在企业运作中尤为普遍。我们会时常看到,同事与同事之间,领导与下属之间,常常会因为彼此只顾发表自己之见,缺乏聆听而造成许多不必要的沟通障碍。很多人往往认为能言善辩的人才是善于交际的人,但事实证明,只有善于倾听的人才是真正会交际的人,只有用心聆听的人才能通过沟通达成共识。要知道,切实有效的沟通始于彼此的聆听。

2. 与下属沟通时,多说"我们"

沟通的目的在于通过彼此传递信息,以达到思想互动、交流观点、促进共识的目的。对于企业领导而言,学会与员工有效沟通非常必要。因为领导要做出公司决策,就需要从员工那里获得真实的相关信息,而这些信息只有通过与员工有效的沟通才能获得,同时,制定后的决策要得到执行,同样需要与员工进行有效沟通,只有沟通了才能知道决策实施的好与坏、利与弊。总之,公司所制定决策的思路、创意的建议以及完善的规划,都离不开员工的参与,更离不开领导层与员工的有效沟通。

那么,作为公司的领导,如何才能与员工进行有效沟通呢?这就向公司的领导提出了更高的要求。平时与员工沟通时,要尊重员工,多说"我们",而不是一味地下命令。

有一家公司因为管理不慎，出现了严重的员工怠工问题。老板看在眼里，急在心里。为了解决这个问题，他用了很多种方法：给员工加薪，给员工授权……可没有一种方法能够成功扭转严重的怠工局势。

正在一筹莫展之际，老板不惜重金，请来一位管理专家，让他支支招。这位专家来到公司后，通过走访、询问、察看，不出一个小时，便找到了员工怠工的根因，并且想到了解决该问题的办法。这让这家公司的老板大为不解，甚为诧异，不敢相信地问道："不会吧，你在厂里转了那么一圈，就知道这些懒虫们出了什么毛病？"

这位管理专家胸有成竹地看了看这位老板，会意地点了点头，并把解决问题的办法告诉了他："你所需要的就是与员工多交流、多沟通。你们公司症结的产生在于沟通不畅。在沟通的时候你需要把每个男员工当作绅士一样对待，把每个女员工当作女士一样对待。如果按照我所说的做了，那么，我敢保证，目前的这些问题很快将会迎刃而解。"

听完专家的建议，这位老板不以为然，甚至半信半疑。为了打消老板的顾虑，专家告诉他："不妨可以试上一星期。如果问题没解决或情况没有好转，我可以不收取任何酬劳。"专家的话最终说服了这位老板。一周后，果不其然，这家公司员工终于恢复了原有的激情和生机。

尊重员工是企业管理者的基本素质。学会与员工沟通，多用建议、少用命令是化解企业内部矛盾和问题最有效的方法。从上述案例我们不难看出，之所以造成这家企业员工怠工的根本原因有两条：一是不尊重员工；二是没能很好地与下属沟通，没有聆听下属的意见。而这位管理专家通过走访，抓住了这些关键问题，并让这位老板付诸行动，才解决了这场严重的怠工问题。

随着时代的快速发展，人们在追求物质生活的同时，也在精神方面有了更高的要求。尊重员工已经成为企业最有效的激励手段，与员工沟通时，多用"我们"，少用命令也成了公司最有效的管理方法。因为这些更能体现出公司人性化的一面，更能让员工感受到自己在公司的重要性，同时也让员工们有一种自我的满足感。它作为一种强大的精神力量，不仅有助于领导与员工之间的和谐相处，更有利于企业团队的建设。同时，善于倾听员工的心声，与员工共进退，作为公司领导，既能缩短上下级的距离，又能获得员工的认同和信任。

花影传媒是一家管理制度极为严格的公司。这家公司的老板很尊重员工，时常会与员工进行直接沟通。有一次，公司一名员工在新领导没有到任时就被解聘，对此，他心中不服，于是找到公司副总王强哭诉。

作为公司唯一的副总，王强每天的工作都很忙，但他并没因此敷衍这位员工，而是一边认真地去聆听这名员工的想法，一边要求相关部门把他的情况汇总后交给他。后来，通过全面的了解，王强发现，这名员工平时工作态度非常好，只不过在工作技能方面差了一些。在此情况下，通过与部门间的沟通，王强建议公司花部分精力和时间去培养他，并设立观察期，以观后效。结果证明，王强的做法是正确的。经过训练，这名员工不但达到了公司的要求，而且工作非常出色。

此外，花影传媒还制定了用来保证员工发表意见的相关制度，以激励员工更好地服务于公司。这样一来，每个员工都有在会议上提出问题和建议的机会，公司的领导也会到现场聆听员工的想法，并真诚与之互动。员工提出的问题，有则改之，无则加勉；员工提出的建议，有价值的，及时给予奖励。这种崭新的沟通方式，让企业员工感受到了被重视，极大地调动了员工的积极性，满足了员工的参与心理。

花影传媒之所以能取得员工的信任，就是因为它了解员工的心声，并不是简单地去沟通，而是主动地去询问，去聆听；真正重视员工的反馈，及时解决问题并消除员工的不满。尤其是公司副总王强作为管理者，在与员工沟通时，多建议、少命令，通过健全制度，吸纳员工的意见和建议，并让他们参与问题的解决。这是花影传媒的可贵之处。

尊重员工，多建议，多说"我们"，少用命令式的沟通方式是企业管理者人性化管理的成功经验。哪个企业做到了，哪个企业发展就会充满活力和激情。因为只有员工受到了尊重，他们才会真正感到被重视，才会真正发自内心地工作；只有多说"我们"，少用命令，他们才能与企业共进退，才愿和领导打成一片，并站到领导的角度，主动与领导沟通交流，尽心尽力完成领导交办的任务，一心一意为企业、为团队做出贡献。

3. 只有认真倾听，员工才愿意发表意见

在企业中，有不少管理者会经常以一副高高在上的傲慢姿态看待员工，总让员工有"我是为你工作的，就应当什么都要听你的，如果不愿意的话，就直接走人"的感觉。他们不但独揽大权，而且喜欢搞"一言堂"。员工的意见和建议，他们从不在乎，也不把他们放在眼里。有的管理者甚至直接让员工"禁言"。

这样的领导无法取得员工的信服，久而久之，公司所制订的计划也就很难获得员工真心地支持和执行，员工也就不会真心为企业出谋划策，那企业也就得不到快速发展。

有这么一家公司，由于经营上出现了一些困难，急需调整战略，以扭转下滑的态势。为此，公司董事会不惜重金，请来了一位在战略领域颇有盛名的专家。初到公司时，这位专家就信誓旦旦地向全体员工承诺，目前公司的境况比他以前接手过的问题公司好很多，给他三个月的时间，他就能处理好这些问题。

可是在接下来的三个月中，他孤立自我，远离大众，并关起门来，只和自己带来的团队一起制订战略计划。由于他长期不与公司的其他同事沟通，不让广大员工参与进来，更不愿倾听其他人的建言，他制订的新战略计划自然不接地气。即使计划很明晰，但也很难得到公司员工的理

解与支持。而公司的员工虽觉得他能干，但认为他很自大，所以既不服他，也没动力去实施他所提出的新战略计划。

受此影响，时间不长，公司业绩不但没增长，还出现继续下滑的势头。随后，他便被董事会解雇了。

这位专家之所以会以失败告终，不是他没有真才实学，也不是他制订的新战略计划有很大的问题，而是他做事的态度和方法出现了重大错误。他不是一位懂得倾听别人意见的领导，这也是他做了战略计划后在执行阶段，得不到所有员工的支持和信任的关键所在。

许多领导不愿倾听，由此员工也就不愿发表意见，最终导致上下沟通不畅，矛盾重重。不是员工没有意见，也不是员工不愿意发表自己的见解，而是缺乏真正聆听或者懂得倾听的领导。

每个管理者都希望自己的讲话能被员工认真倾听，同样，每位员工也希望自己的声音能被自己的领导倾听。只有管理者懂得倾听，认真倾听，员工才愿意发表意见，双方才能进行有效的沟通。

张杰是一家大型公司临时任命的副总裁，掌管着一个拥有数百名员工的部门。对于从没有过领导工作经验的他而言，更需要倾听和了解下属的声音。为此，"与员工一起进餐"成了他聆听员工、开展双方互动沟通的好方法。自此，张杰每周都会从自己的部门挑选出十余名员工，一起吃午餐。

进餐前，他都会很认真地详细了解每个人的姓名、履历、工作状况。进餐时，张杰通常会先分享一下自己最兴奋和最苦恼的事，然后鼓励大家发言。之后，他还会进一步引导大家讲讲近来部门员工普遍感到苦恼或关心的事情，并与大家一起寻找最好的解决方案。午餐后，他会针对刚才的交流谈论，总结为"我听到了什么""我现在能解决的有哪些问题""什么时候能看到成效"等条目，并以电子邮件方式发给大家。

由于张杰态度诚恳，真心聆听员工们的建议和意见。员工们也都乐于和他交谈想法，发表看法。彼此都通过这种方式，乐此不疲地进行着有效的互动沟通。通过这样切实有效的办法，虽然时间不长，张杰却不仅了解了部门中的所有员工，还掌握了该部门运营的现状和问题。最重要的是，他在充分听取员工意见的基础上，尽力从员工角度出发，依据实际能力，合情合理安排每个人适宜的相关工作。通过这种方法，部门工作得到合理优化，员工们上下齐心，工作效率得到很大提升，公司的业绩目标也很顺利地超前完成。

4. 成绩当众说，缺点和错误私下谈

管理的主要目的就是通过各种制度机制，激发员工的潜质，调动员工的积极性，提升员工的工作效率，并激励员工敬业爱岗、团结协作，不断地为企业发展做出贡献。

那么，作为管理者，如何更好地处理与员工之间的关系，使自己的管理效果达到最大化、最优化？尊重员工，成绩正面说、当众说，缺点错误私下谈，对于今天的企业管理者而言，是一种行之有效的管理方法。

有一位企业管理者有个不好的习惯：员工有成绩需要鼓励时，他总是显得很吝啬，从不夸奖；一旦员工有错误时，他就严苛指责。有一次，他在检查工作进度时，不经意间发现了一名员工的进度非常慢。于是便找到他，当面质问原因。经过了解才得知，原来这位员工由于疏忽，不小心将前些天制作的视频删掉了，而且也没有做好备份。

因为这个项目的交付时间很紧迫，这位管理者大为恼火，当着其他员工的面，厉声斥责该员工："你脑子是不是有问题啊？这样的低级错误还会犯？制作时为何不设置自动保存，做好备份？"面对领导强势的指责，这名员工也没再回应什么，但从他的表情和神态明显可以看出抵触和不满。

事后，那位员工越想越气，更是无法忍受领导在大庭广众之下的严苛指责。于是，第二天，他毅然决然地选择了辞职。

案例中这位管理者错就错在自己做事的方式方法——缺乏与员工之间的互动沟通和对员工的尊重；有成绩，不当面给予鼓励；有错误，却大加指责。这并非说有了成绩，就一定要众人皆知，其实，很多时候只需要当面褒奖鼓励员工即可；也不是说，有了错误，领导就不能批评，而是在尊重员工的基础上私下指出不足之处，并与其找到最有效的改进方法，尽快弥补错误，这样才是解决问题的最佳方式。

有成绩，就会有失误。不管是员工，还是老板，都亦如此。作为员工，做出成绩，再好不过，出现失误，并非本意，也无可厚非，只要吸取教训改正就好。作为管理者，面对错误的出现，此时再指责还有意义吗？无谓的当面指责只能加重员工的思想包袱，更不利以后工作的开展，结果可想而知。

赵刚是一家杂志社的主编，在处理与员工关系方面就做得非常到位。一次，赵刚手下的一名编辑写了一篇较有影响力的稿件，并引起了社会很大的共鸣和反响。赵刚得知后，十分高兴，并特意为此聚餐，其间，还当众对其大加赞扬，并给予奖励。

可是，事后不久，稿件因为涉及一些敏感问题，受到上级审核部门的批评，作为领导，赵刚自然首当其冲。赵刚虽然心中有气，但顾及到员工工作情绪，并没有当众训斥这名编辑，而是在自己的部门，重申了一下相关规定，让大家务必吸收这次教训。随后，他私下找到这位编辑，批评的同时，也帮他想办法改正错误，以避免以后再犯。员工们都对他极为感激和心怀佩服，工作起来也更用心。

在赵刚眼里，员工做出成绩，既是员工辛勤劳作的结果，也能体现自己领导有方。无论成绩大小，他从不吝啬夸奖，并按相关奖励规定，当众给予奖励。他认为，既然要奖励，就应当让大家知道，当众奖赏，这样既可以激励突出者再接再厉，又能激发其他员工的潜质，调动其他员工的积极性，为企业更好地工作。

每个员工都有得到领导肯定和赏识的欲望。在工作中，这种欲望一旦得到满足，就能调动员工积极性，激发员工潜能，使之更好地为企业创造更多的贡献。每个人都有犯错误的时候，员工犯错误并不可怕，只要改正就好，怕就怕管理者不尊重员工，不懂得沟通，不知道体谅员工，并当众批评员工。要想让员工心甘情愿地工作，为企业带来利润，作为管理者，就必须要学会及时对员工的工作给予正面表扬和评价，尤其是对于那些成绩突出，有贡献的员工，要不失时机地当众奖励，以此来带动更多的员工创造更多的成绩。要懂得换位思考，加强与员工的互动沟通，面对员工的错误，尽量不当众批评。私下批评员工，既是尊重员工，也是帮助员工正视错误，避免再犯。

5. 批评下属时，要顾及到下属的情绪

俗话说：金无足赤，人无完人。人人都有自尊心，人人也都会犯错误。员工如此，管理者也如此。而作为企业管理者，要允许员工犯错，同时在批评员工和纠正员工错误时，要学会换位思考，顾及下属的情绪，而不是随意加以伤害。因此，在批评下属时，企业管理者要尽可能做到

心平气和，冷静处理。

聪明的管理者在批评下属前，都会以一个平和的心态私下约谈，了解失误之处。因为批评的目的在于帮助员工改正错误，而不是逞一时之快，刺激员工的情绪，让他和自己对着干。即便管理者有批评的权利，员工犯错也应当被批评，但一定要顾及到下属的情绪。否则，既得不偿失，又不能很好地解决问题。

郭靖是一家大型企业的总裁，非常重视这种处理方法。当时，市场部总监刘志由于多次决策失误，致使公司业绩出现下滑的危机。对此，郭靖通过沟通，在详细了解刘志的基本情况后，并没有过多地责备他，为了纠正刘志的错误路线，他最终决定，免去刘志市场部总监的职务。这对于总裁郭靖来说，是一个需要慎重处理的棘手问题。

刘志是公司的老员工，虽在其他方面小有成就，可是无法胜任市场部总监的职位。对于这样一个老员工，开除他，公司舍不得；如果不这样做，市场部又无法摆脱困境。他本人性格易躁又特别敏感，若是直接批评他，否定他的决策，并解除他的职务，肯定会引起极大的冲突和矛盾。

为此，郭靖心平气和地再次单独约谈了刘志，将公司的决定以及他的失策都客观地告诉了他。在事实面前，刘志也认同自己的失策。为了顾及刘志的情面，不至于那么尴尬，郭靖特意在公司设置一个新的职位头衔，让他担任"市场部首席顾问"。通过这种平和的过渡，公司既维护了刘志的面子，也另选了合适的人担任市场部总监。

面对员工的失误，郭靖不是一味地指责批评犯错的员工，而是通过有效地约谈沟通，让对方直面失误，并承担相应的责任。在处理事情过程中，郭靖特意为刘志设立新岗位，正是为了顾及刘志的情面，既没伤害刘志的自尊心，也很巧妙地解决了问题。郭靖之所以成功处理此事，最重要的是他通过有效的沟通，让彼此达成共识，批评下属时，没有过分苛责，处理问题时，又留足情面。他的做法值得每个企业管理者学习和借鉴。

让我们来看一个反面教材。张主管是一个性格极为暴躁的领导，平时极其苛刻，挑下属差错、找毛病是常有的事，有时候很小的一点事就会激起他火爆的脾气。一天，他的下属犯了点错误，他知道后，一如往常对这名员工横加指责，破口大骂，毫不顾及员工的自尊心。

不料这位员工也是性格急躁的人，更不是甘心受气的主。他见主管如此苛刻指责，并且越骂越难听，感觉实在很憋屈，于是连情面也不顾了，开始与张主管打起了"擂台"。张主管顿时被这架势惊懵了，在他的思维里，只有领导指责员工，没有员工敢指责领导的！更没想到的是，这位员工还抖露出很多张主管负面的东西。这让张主管一时不知如何收场，只好灰头土脸地进了自己的办公室。

俗话说得好："你希望别人如何对待你，你就如何对待别人。"有时候，给别人留情面就等同于给自己留情面。这位张主管批评员工时，只顾自己一时之快，把所有不高兴的情绪撒到员工身上，不顾及员工情面，终遭员工以相同的方式回击，使其输掉领导脸面，自取其辱，实在得不偿失。

聪明的管理者从来不会仅从自己的角度去考虑问题，更不会因为员工的失误，过分地去指责，甚至辱骂员工。他们会站在员工的立场上想事情，思考问题，懂得换位思考，并通过与员工有效沟通，了解员工真实的想法。尤其是在面对员工失误，批评员工时，懂得顾及员工情面，坚守"对事不对人"，从不做伤害员工自尊心的事。在他们眼里，只有这样做，才能换来员工的真心信任和努力，才能激发员工的斗志和高效执行，才能使员工更好地工作。

企业管理者在批评员工时，务必要有节有度，合情合理，切不可随处宣扬发威，更不可侮辱和挑战员工的自尊心，否则，不仅会增强员工的反感情绪，还达不到批评的目的。总之，批评员工时，一定要顾及员工的情面。既然错误已经发生，再指责也没意义，与其做无用功，还不如好好与员工有效沟通，做好跟进和弥补措施，以免再犯同类错误。

6. 平等造就信任，信任增进交流

在工作中，无论是老板，还是员工，均无贵贱之分，人人都是平等的。上下级平等的关系会造就彼此间的信任，有了信任，自然就能实现有效沟通，最后达成共识。如果公司的领导总以高高在上、神圣不可侵犯的姿态对待员工，就会让员工觉得这个领导不接地气，那么，势必会造成领导和员工的隔阂，久而久之，双方的距离也就越来越远。因为仰视与俯视、隔阂和距离，彼此间也就很难存在信任的可能，没有信任做起点，自然也不会有有效的互动和交流。没有平等的关系，就没有彼此的信任，缺少信任的沟通，只是徒劳的交流而已，对员工管理和企业发展起不到任何作用。

一个企业管理者即使能力再强，如果不尊重员工，拿员工开涮，经常摆架子，是不会受人尊敬的，更不会取得员工的信任。要想促进有效沟通，实现成功管理，作为企业领导，就必须放下架子，争取员工的信任。

有一次，某IT公司的一位总裁在公司召开年度总结会，基本上公司的大小领导都参加了。其间，大家都为这一年所获得的好业绩而高兴。当时，为了使会议在欢乐的气氛中结束，公司总裁的秘书想到了一个办法，把一个分公司的部门副总抛到喷泉的池子里，"旱鸭子游泳"，以此推高本活动的气氛。

秘书把提议告诉了公司总裁，总裁觉得抛分公司副总入池做法不妥。他认为，让那些职位低的员工出洋相，接受大家的嘲讽，而那些职位高的人却高高在上，摆出一副架子，令人敬畏，那是最不得人心的事。为此，他决定由他自己——公司最高管理者来完成"旱鸭子戏水"这个游戏。于是，总裁向大家宣布这个游戏后，便纵身跳入了泉水池中，游起泳来，顿时间引得在场的数百位领导和员工开怀大笑……

事后，其他领导得知总裁那天为何亲自跳水，而不让分公司副总下去的原因后，个个都佩服总裁有肚量、有气魄，都感觉总裁平易近人，没有架子。自然而然，总裁的信任度和个人魅力得到了升华。以前那些见到总裁畏惧的员工，也开始和总裁很好地沟通交流。

案例中的总裁之所以受人尊敬，首先是因为他以平等的身份对待员工，他让员工和他没有距离；其次，他能换位思考，能站在员工的角度想问题，体谅员工。正因为他心存平等意识，没有咄咄逼人的架势，才取得了员工的信任，通过有效沟通，达成共识，最终激励员工更好地工作。

俗话说："领导把我当成牛，我把自己当成人；领导把我当成人，我把自己当成牛。"简单的一句话，道出了领导和员工最真实的心态。领导不尊重员工，员工自然而然不会努力，只有企业管理者心系员工，尊重员工，才能赢取员工的信任和肯定，才能激发员工工作的热情。

有一位老板非常重视自己的员工，他经常把员工当作自己的兄弟姐妹。在他眼里，管理者对待自己的员工必须要平等，关怀必须要真心。他把员工比作公司的资产，专门为员工建立档案，给每个员工过生日，送礼品。他常常与员工交流沟通，告诉员工自己曾经的打工经历。他用自己的经历激励员工，只要勤奋努力，总能战胜困难、走向成功。

公司有一名外籍女员工到了临产期,而丈夫加班,亲人也不在身边。老板知道后,马上安排人与车辆送这位员工去医院检查。当得知刚出生的婴儿出现问题,急需送往大医院抢救时,这位领导二话没说,亲自驾车与其他同事将这名员工送到大医院,并安排人悉心照料。还有一次,一名员工的父亲在本市出了车祸。这位领导得知后,一边安慰这名员工,一边资助安葬费。当这位员工的亲人来了之后,这位领导又帮他们安排吃住的地方,回去时又给他们路费。

这位领导始终反对公司把员工当成赚钱工具。他认为应该平等对待员工,应该把员工当作企业的主人。因为企业的发展靠的是他们辛勤的工作,没有他们的付出,也就没有企业的今天。正如另一位企业家所说:"我们要把员工当作兄弟姐妹,要让他们从心底有一种对企业的归属感和自豪感。"案例中的这位领导正是因为以平等换信任,以信任促交流,以心交心,才赢得了员工们的信任和忠诚。

如果企业的员工长期处在被歧视和强制的压抑状态下,他们工作起来就不会有激情,就会失去动力,甚至会产生不良的情绪。这样的企业也不会得到快速健康的发展。因此,不管是公司的领导者,还是各阶层的管理者,都应该放下架子,不要高高在上,轻视员工,要以平等的身份对待员工,走近员工,真诚地与员工交流沟通,拉近与员工的距离,争取员工的信任。如果管理者把自己摆在高不可攀的位置上,让员工仰首而视,敬而远之,这样是绝对做不好工作的。

7. 坦率和真诚是交流的基本保证

在职场上，坦率和真诚是建立良好人际关系的重要基础，也是人与人之间有效沟通的先决条件。如果双方没有坦率，就不会有信任，没有真诚，彼此就会存疑。所以，我们要秉持坦率，坚守真诚。只有这样，才能通过有效的沟通，继而化解矛盾，解决问题，缓解纠纷。

李经理做事干练，能力和事业心很强，但让他不解的是，每次和员工交流时都深入不下去，员工们对他也总是显得客客气气、毕恭毕敬。

一天，李经理在茶水间倒水时，无意间听到外面有两名员工在窃窃私语。一个员工埋怨道："不知道李经理是怎么回事，好好的国庆假期又要加班，我本来计划和女友出游呢，这下可好，完全泡汤啦！"另一个员工更是来劲："我看呀，李经理又在摆领导架子了，你说他领导加班也就算了，干吗还要拉上我们在这受折磨呢。哎，没办法，谁让我们是虾米呢。真是官大一级压死人呢！"

李经理听到这里，心情开始低落，颇为不解，心想他真的有那么差吗？平时大家对他都很恭敬，为何这么评价他呢？怎么这个时候指责他这不好，非议他那不好？正当他思索时，第二个员工又开始说话了："我们这个李经理有时候也太自以为是了，他总是用自己的心思来猜别人的需要！前天，我和朋友去聚餐，回来他说我不务正业。他根本就不知道，我通过这些活动认识了多少好客户。昨天我签的那个大客户，就是在前天聚餐时认识的一个朋友帮我牵桥搭线的。可惜啊，李经理根本不会站在我的位置想一想。"第一个员工紧接着说道："你为何不跟他说呢？你不解释，他肯定会误会。""拉倒吧，按他平时找咱们谈话那态度，像欠了他钱似的，哪有让你说话的机会，说一个否一个，哪有真诚交流的意愿？再说，他也未必会听，我也懒得直接跟他说了！"

听到这些后，李经理终于明白了为何始终无法与员工打成一片的原因，终于知道自己管理的问题所在：自己太自以为是，与下属的沟通有问题。从那以后，李经理根据这几名员工聊天总结的问题，慢慢地逐一克服和改正。

李经理的案例说明了一个事实：作为一个管理者，缺少坦率与真诚的沟通，就无法取信于员工，就无法解决管理者与员工之间的矛盾和问题，甚至会加剧矛盾与问题。由此可见，坦率与真诚的沟通对处理管理者与员工之间的关系以及对企业的发展是多么的重要。

被人尊重是人之本性需求。在被尊重的前提下，企业若是能够做到与员工坦率而真诚地交流，就能有效化解彼此隔阂、建立互信。一旦信任建立，员工们才会真正感到被重视、被认可，工作起来才会真正发自内心，才会愿意和管理者打成一片，并站到管理者的立场，想方设法完成管理者交办的任务。

任何一个企业都存在着或多或少的矛盾与冲突，而真诚、坦率的沟通是化解企业中矛盾与问题的最好方法。企业中有不少的矛盾和问题，大多是因为缺乏有效沟通而导致的，因此，我们要通过坦率而真诚的沟通，来消除企业内部出现的矛盾和问题，提升部门团队的凝聚力和竞争力，提高员工的使命感和责任感。

第七章

完善奖惩制度,高绩效是"淘汰"出来的

没有完善的奖惩,就没有高效的业绩。只有奖励没有惩罚,奖励就会变成潜意识里的理所应当,只有惩罚没有奖励,就会失去制度的公平。管理者在管理下属的时候,一定要把握好奖惩的"度",做到"奖就要奖得心花怒放,罚就要罚得心惊肉跳"。

1. 重赏之下必有勇夫

长期以来，作为公司的领导，都希望自己的下属或者团队如实地听从自己的管理，从被动工作变主动工作，积极进取，拿出最好的状态，为公司创造最大化的价值。但是，在很多情况下，领导们所追求的这种管理冀望与现实相比，往往差距甚远。那么，作为负责的管理者，怎么做才能扭转公司懒散拖延的常态局面？有没有好的方法能够调动下属的积极性，让员工心甘情愿地服从领导的安排，并把工作当作自己的事情，积极主动，不打折扣地出色完成呢？

常言道：世上无难事，只要肯攀登。管理亦如此，虽无捷径，但是，有时候只需要正确的方式方法便可及达。要知道，办法总比困难多。要想让员工积极主动，化被动为力量，出色完成工作，作为领导，只要静心细品头绪，也并非完全摸不着头脑，找不到边际。其实，一切都有章可循。美国国家罐头食品有限公司总裁弗兰克·康塞汀重赏员工，点燃员工热情的成功管理，或许能为公司的管理者打开思路，提供切实可行的办法。

美国国家罐头食品有限公司作为世界上食品行业的知名企业，它的发展完全得益于总裁弗兰克·康塞汀切实有效的管理。弗兰克·康塞汀管理的核心就是他让工作点燃了员工的热情。弗兰克·康塞汀认为，管理者要做的，就是通过工作重赏员工，让员工因工作重赏引发的热情要比给员工直接加薪有用。这既能刺激懈怠的员工，又能让员工在工作中产生被领导认可和被企业重用的感觉，并且主动付出实际行动，从而更加出色地完成工作。

弗兰克·康塞汀管理下的企业就像个大家庭一样，在那里，完全感受不到紧张的气氛，到处充满着温暖与欢乐。他不但为员工提供了人性化的工作场所：工作时有好听的音乐伴随，让乏味枯燥的工作变得轻松有情趣；他重赏有作为的员工，亲临一线，与员工打成一片，让员工有种被重视的自豪感。正是在这样的管理氛围下，他激发了员工的工作热情，员工们每天都乐此不疲，干劲十足。

一次，公司下属的亚利桑那州分厂做出了很好的业绩，弗兰克·康塞汀为了重赏该厂94名员工，特地请来马戏团为他们表演。没想到的是，其间，这些被重赏的员工竟打破了公司有史以来日产的记录，创作出日产100万个罐头的成绩，大大超前完成了公司为其制定的目标。之后，公司不断地提高产量目标，他们不但没有抱怨，反而更加努力。三年后，在公司重奖和激励下，这94名员工创造了日产 200 万个罐头的惊人业绩。

有如此奇迹,正是弗兰克·康塞汀的方法得当,激发了员工工作的热情和斗志;也正是由于他敢于重赏,勤于服务,赋予员工对工作的自豪感和对公司的认同感,公司才会不断扩大和发展。

对此,弗兰克·康塞汀虽很高兴,却也很不安。他时常告诫中层管理人员,重赏不仅仅只是重酬员工而已,而是要把员工放在合适的岗位上。"好马配好鞍",只有将合适的人安排在合适的岗位上,他们心里才能有归属感,才能得到真正的满足,这种感觉不仅能带给他最大的自豪感,还能激发他们的潜能和热情,调动他们的积极性,这些就是管理者们需要做的事情。

后来,公司的管理者发现,按照他的这种管理思维和方式,员工们不但能自觉地做好本职工作,而且做得比预期还要好;公司制定的目标,不仅会提前完成,还会超额完成。

弗兰克·康塞汀通过这种重赏,在激发员工对工作的热情的同时,又增强了员工的使命感和自豪感,让员工真正地找到了自我价值和对企业的认同感。不需要更多的管理,员工就能积极主动地出色工作,并为企业创造更大的价值。

这种将工作变成员工使命的重赏管理方法,确实值得每个领导和管理者借鉴和学习。重赏员工,激发潜力和工作热情，增强员工的使命感，就是让员工把企业当家，把工作当成自己的事业来完成。实现让员工从被动到主动，发挥更大价值这一管理目的。其实，这种重赏的管理方法也有很多，关键在于领导是否可以做到以下几点：

一是不要吝啬激励员工。好的领导会利用各种因素，时常激励员工。有权威科学研究证明，受激励的员工的积极性要远高于没受激励的员工。激励后的员工，不仅会感到身心愉悦，而且精神抖数，斗志昂扬，其工作的效率和质量都会因此大大提高。但激励要适度，过频或不适宜的激励也会适得其反。这就要求管理者应当不吝激励，对有贡献的、有业绩的员工，不但要重酬，还要正确积极地去激励他勇攀高峰。

二是创造良好环境，让员工爱上工作。用心的管理者都会将工作环境改善一番，使之更加人性化。因为好的工作环境不仅可以使员工心情舒畅，增加部门的凝聚力，还能激发员工潜力，提高效率；而不良的工作环境会造成员工不敢说话，也不愿说话，久而久之，沉闷而又压抑，更没激情可言。

三是帮助员工成长。作为管理者，还要让员工明确工作和职责，并为员工指明方向，激发员工的事业心，让员工将工作看成是实现自己价值和心中愿景的神圣事业，而不仅仅是完成业绩、换取薪水的过程。

2. 奖励不当，就成了变相惩罚

《伊索寓言》记录着这么一则故事：一次，一个渔夫出海打渔时不经意间看见，在他的船边，游着一条嘴里叼着一只青蛙的水蛇。渔夫可怜那只青蛙，便俯下身来，从蛇口救走了青蛙。但他又可怜那条饥饿的水蛇，于是只好把自己带的食物喂给了蛇。吃饱后，水蛇也快乐地游走了。渔夫见此颇为高兴，为自己的善心倍感欣慰。可是，让他万万没想到的是，过后不久，他突然觉得有东西在撞击他的船。原来，那条吃饱的水蛇再次回到了船边，并且这次嘴里还叼着两只青蛙。

这则故事看似短小，但对企业而言，却很能说明问题，其隐藏的内涵深意值得每个企业管理者细细寻味和思索。

世界著名的经济学家罗伯特·奥曼曾经说过："一切悲剧都源于不当的激励。对于所有经济体，最根本的问题都出在激励机制上。"现实中这样的情况不少。有不少管理者都非常重视奖励，但由于方法不当，不但没有取得实际的效果，反而与奖励初衷背道而驰。

有一家国有企业的老总，非常喜欢嘉奖员工，从不扣罚。在他看来，管理的目的，就是为了让员工做好事、干好活。那如何调动员工的这种积极性呢？他一贯的做法就是对那些做好事的单位和员工给予嘉奖。受此思维影响，这个国企老总总是喜欢向员工做出许诺：做好了这批活，一定嘉奖！这位老总之所以这样做，无外乎让他有种"控制一切"的感觉，对此，员工也很高兴。

然而好景不长，由此引发的问题不期而至：这个企业管理生产调度的人员发现下面的员工不好好工作，甚至即使是一些日常的生产作业计划，也常以各种理由推卸不管。这到底是怎么回事？为何会出现这样的情况？后来，一位熟知内情的员工说出了问题的症结：正是由于公司领导的这种嘉奖思维，很多员工为了引起上层领导对自己工作的重视，以便再次得到"嘉奖"，不好好工作，人浮于事。

案例中的这位老总错就错在不应该把奖励作为员工工作的等价物。殊不知，过度的奖励，让员工依赖奖励工作，其最终的结局是，不奖励就不工作。为了鼓励员工更好地工作，给予奖励是应该的，但一定要适当，要把握好度。

美国知名学者拉伯福研究发现：你不会得到你所希望的、要求的，你会得到的是你所奖励的。他认为，要求人们做出什么行为，与其仅仅停留在希望、要求上，还不如对这种行为做出明明白白的奖励。拉伯福的这些研究结果让许多企业深受启发，但也因此"误导"了不少企业家。"奖励什么，就得到什么。"但现实中情况却是：你奖励什么，不一定就能得到什么。

作为企业的老板，如果企业出现的问题不断，既定的目标不能很好地实现，那么你就要思考你的奖励是否出现了问题，是否奖错了方向。就如同拉伯福所说的，人们很容易掉入这样的陷阱：奖励错误的行为，而忽视或惩罚正确的行为，继而成为变相惩罚。

如今，企业改革正在深入推进，建立适应市场经济的激励机制，已成为改革的重要内容。对此，激励不能一挥而就，需要全面考虑；有效的激励不是单纯的奖励，更不是"胡萝卜加大棒"。真正的有效激励需要有两个前提条件：一是你的激励是员工所需要的，员工愿意为此而付出；二是你的激励方向是正确的，员工的付出是你所期望的。最重要的一点是，千万不可仅依据表象给予奖励，否则就有可能适得其反。

3. 赏罚分明：奖励优秀的，淘汰最差的

《鬼谷子·符言》中曾有论断："用赏贵信，用刑贵正。"说的是给予奖赏，重在恪尽职守；行使刑罚，关键是要公正。恪守诺言，及时兑现的奖赏，能激励立功之士努力奋斗，甚至捐躯殒生，建立功勋。公正无私的刑罚，会使受刑之人无怨无悔，会让天下之人心服口服。

僖负羁是春秋时期曹国人，曾经救过晋文公，是晋文公的恩人。因此，晋文公在攻下曹国时，为了回报僖负羁

的恩情，就向军队下令，不准进入僖负羁的家，也不许伤害他的族人，违令者斩。当时的大将魏犨和颠颉却对此不服，执意带军队焚烧了僖负羁的家。魏犨爬上屋顶，想杀死僖负羁。没想到的是，房屋梁木塌陷，正好把魏犨压成重伤，动弹不得，幸好颠颉及时赶到，才把他救出来。

晋文公知道了这件事后，非常不高兴，决定依照命令给予处罚。当朝大臣赵衰诉求道："他们都曾替大王立下汗马功劳，杀了挺可惜，还是让他们戴罪立功吧！"晋文公认为，功与过本是两回事，赏罚必须要分明，只有这样，才能使手下的士兵服从命令。于是，他毫不犹豫地免了魏犨的官职，处死了颠颉。自此之后，晋军上下都知道晋文公赏罚分明，再也没有出现违令的事情发生。

晋文公的事例告诉我们，"赏善而不罚恶则乱，罚恶而不赏善亦乱"。作为统领大权的君王褒优惩贬，深知赏罚分明对国家、对大局的重要作用，那么，作为现代企业的管理者更应当懂得赏罚并施，对表现出色的员工，给予适时恰当的奖赏，从而起到肯定、激励的作用；对于一些懒惰的员工给予必要的惩戒，以此起到警醒纠正的目的。只有这样，企业才能取信于员工，使员工进有所得，退有所失，皆效其力。

在奖惩方面，一代女皇武则天施政的做法值得很多企业效仿。她在位期间，不管是位高权重的功臣，还是市井小民，只要有错，她都不会法外纵容。宰相许圉师是个很有才华的人。武则天对他一向很敬重,在政事上委以重任。

一次,许圉师的儿子游猎时践踏了田主的庄稼。他仗着父亲是朝中大臣,不肯认错赔偿,甚至还执箭威胁田主。许圉师知道后,非但没追究,还想遮掩了事。武则天知道后,便当面斥责了许圉师,对此,许圉师凭借手中大权,不仅不悔改,还刻意狡辩。武则天闻言大怒,立刻免去他的宰相之职,随后,又将他贬到地方为官。正是由于武则天对许圉师的赏罚分明以及她严明公平的施政方式,才让她功成名就,成为历史上唯一被认可的女皇。

像武则天这种在国家管理上赏罚分明的态度和做法,正是现在企业管理者需要学习和借鉴的。作为企业领导,做到赏罚分明对企业的发展是至关重要的。我们可以试想,如果管理者因为人情包袱,投鼠忌器而赏罚不明,那么,公司就会失去员工的信任,久而久之,就会对企业发展造成不利的影响。

企业只有做到有功必赏,有过必罚,不偏不倚,才能赋予企业活力;也只有做到赏罚分明,才能让员工感受到公平、公正,继而激发他们的工作热情。但是,赏罚都需要适度。如何把握适度,掌握二者之间的平衡,使双方达到共赢的局面,对于公司领导而言是至关重要的。

适度的奖励能激励人心,但适当的惩罚也是必不可少的。奖励作为一种激励方法,是对优秀员工的肯定和认可,它应该建立在公平公正的基础上,但形式可以多样化,至于哪种方式最有效，则需要管理者平时多走访员工，知道员工的切实需求和实际期望。只有这样，才能赢得员工的信任，把奖励的价值发挥到更大。惩罚作为一种惩戒手段，是对倒退者的鞭笞，它可以有效地警醒和纠正员工不良的工作态度和行为。但作为管理者，在制定和行使处罚时要合理有据，因为处罚的目的不是打压员工，而是提醒员工回归最佳的工作状态，继而为企业创造价值。

总之，一个赏罚分明的企业，才能使员工的内心有公平公正感，也只有这样，才能达到奖励员工的初衷，使奖励发挥更大的价值。也只有企业的管理者把对员工的这种公平感放在平时的工作中，并从大局着眼，从细微处入手，才能提高员工的工作热情和工作效率。这也就对公司领导提出了很高的要求：办事务必要公正，赏罚务必要分明，既要将一碗水端平，又要兼顾其他；适时适当奖赏优秀者，适度惩罚倒退者，才能真正做到赏罚公平，才能打造出杰出的企业和优秀的团队。

4. 能者上，平者让，庸者下

当今是一个物竞天择、适者生存的社会。"能者上，平者让，庸者下"是备受企业家推崇的一种用人理念：有真才实学的，就应该不遗余力地给予其发展的空间；能力一般的，就应该把位置让给那些有本事使业绩发挥最大效益的人；而那些没能力又没修养的人，就该拒之门外，给予淘汰。

美国微软公司创始人比尔·盖茨非常认同这样的用人理念。在他的微软公司内部，也及早地实行了这样的用人管理机制，即"适者生存，不适者淘汰"。

在多数企业里，或许某个项目的成功便可以让管理者轻松好几年。但在微软公司，这样的事永远不会发生。在比尔·盖茨的眼中，这个项目，你做得再好、再成功，只能说明你现在能适应这项工作，但并不能表明下一个工作就一定做得更好。比尔·盖茨也绝不会让自己的员工仅仅停留在过去的业绩上。对微软而言，现在的成就并不代表你能做好一切。在这种激烈的竞争环境下，每个员工只有全力以赴。

微软公司从不以论资排辈的方法决定员工的职位和薪水，员工的提拔升迁完全取决于员工的个人成就。按照惯有思维，在一家公司，副总裁的薪资应该高于公司的任何员工，但微软却是例外。它的一个软件工程师的工资就可以超过副总裁，这也是微软与其他企业与众不同的地方。多劳多得，少劳少得。这种机制同样能带动公司的竞争气氛，让员工看到希望，也促使他们更加努力地完成工作。截至1992年，微软已有3000名员工依靠企业奖励的股票，成了百万富翁。

微软作为一个完全以成功为导向的企业，用"处处以成败论英雄"的管理机制，进行优胜劣汰选择员工，如此一来，只有真正优秀的人才能留下，并且不断地被重用、被赏识。微软公司通过"每半年一考评"的方式，将工作效率极差的5%的员工淘汰出局。如此一来，在一定程度上，就会使留下的员工不敢懈怠，并保持着内在的竞争压力，从而达到管理的目的。自1975年微软创始以来，公司长年累月保持着较高的淘汰率，其做法极大地提高了公司的竞争力，为公司的发展做出了很大作用。

"能者上，浑水摸鱼者走人"是比尔·盖茨的用人原则。通过考评的方式，不断地将资质较差的员工排除掉，以保持整个企业正常的新陈代谢，让企业保持弹性，也是微软的一贯手段。

当今社会是一个优者生存、劣者淘汰的时代。面对残酷的现实，每个人只有主动适应社会的发展，跟上社会的潮流，并不断地努力提升自身能力，才能在大浪淘沙的洪流中不被淘汰。作为企业，面对市场竞争的洪流，又何尝不是如此。事实上，世界上的那些成功的企业，都会视"能者上，平者让，庸者下，劣者汰"的理念为企业的第一选才标准！而每一位在工作中取得成就的人，也一定对此深有感悟。

企业家杰克·韦尔奇在担当美国通用公司总裁期间，就曾一直强调，要通过不断地裁掉最差的10%的员工来促使企业活力永驻。为此，他经常嘱咐各级经理，每年都要将自己管理的员工，进行严格的评估和分类。为此，该企业产生了20%的明星员工，70%的活力员工以及10%的落后员工。也因为这些评估和分类，激活了企业内部的竞争，极大地调动与激发了员工的积极性和潜力。美国通用公司一度成为全球最知名的公司。

"能者上，平者让，庸者下"是海尔公司CEO张瑞敏所说的一句名言。海尔公司的选才标准是"赛马不相马"，也正是基于张瑞敏这样的用人思维。在海尔公司内部，员工的命运绝对掌握在自己的手里，任何员工都有可能依据自己的出色成绩脱颖而出，成为公司的"千里马"。目前海尔集团的四个副总裁——柴永森、梁海山、周云杰、喻子达，也都出身于农村，他们大学毕业入厂后，是完全依靠自己踏踏实实地工作和一连串的突出成绩，从基层岗位一步步提拔上来的。像这样凭借令人信服的成就取得企业重用的成功员工，在海尔公司不胜枚举。

这些事例告诉我们，在企业管理和员工发展上，业绩胜于雄辩，功劳胜于苦劳。作为企业的老板和领导，要重视和激励那些能出业绩的员工，并不遗余力地给予提拔褒奖；而作为员工，要做能者，不做庸者，就应当不断地提升自我能力，在为企业创造业绩的同时，实现自我价值。须知，没有业绩，企业就无法生存；没有功劳，个人就难受重用。

5. 解决"鸡肋式人物",给管理"瘦身"

无论是国有企业,还是民营企业,甚至个体户,都或多或少地存在"鸡肋式"员工。企业需要的是专业的销售人才、经营人才与管理人才以及有知识有修养的员工。可是现实中,一些员工跟不上公司的发展,逐渐变成企业的"鸡肋式"员工,这些员工创造的价值,还不及其所产生的费用。弃之不忍,留之无用!这让公司的领导倍感头疼,甚是伤神。

有权威机构调查发现,在这些"鸡肋式"员工中,相当一大部分都是与企业老板打江山的元老级员工,有些员工也曾为公司的发展做出过巨大贡献。作为老板,如果草率处置,会有卸磨杀驴之嫌,也会在社会或行业内留下见利忘义的骂名!因此,怎样引导、改造、处理好"鸡肋式"员工,成为这些企业需要谨慎面对的敏感问题。

张军是一个创业者。经过几年的奋斗,他的公司越做越大,发展得相当不错。为了扩大规模,他招聘了大量新员工,还为公司制定了一整套的严格制度。可是就在这个关键时刻,一些跟他打江山的老员工却不遵守这些制度,让张军极其为难。

在他创业的时候,这些老员工做出过很多贡献。他们靠着积攒下来的经验和人脉，也很容易完成企业制定的目标。但是，在管理方面，他们我行我素，上班迟到，开会不来，不执行企业的新政策，对企业的制度不管不问也不顾。甚至有些老员工出现惰性强、爱发牢骚、倚老卖老等不好的现象。面对这样的老员工，作为老板，张军既不忍心辞掉他们，也不愿放任他们不服从管理。

诸如这样的企业情况不在少数：处理不好，两者俱伤；不处理，又严重影响公司发展。这就需要企业管理者的智慧，发现问题并不是目的，而是面对这些问题，如何改造现有的"鸡肋式"员工以及怎样做才能杜绝"鸡肋式"员工的出现。

解决"鸡肋式"员工，需给管理瘦身。要想解决"鸡肋式"员工的问题，要根据企业的战略方向以及当前的发展规划，同时结合公司的实际现状，并考虑员工职业生涯规划，制定明确的岗位职责，通过"照镜子"的方式，让那些"鸡肋式"员工发现自己的优势与不足。另外，建立公平合理、有竞争力的管理机制和绩效评估制度，并通过培训和文化融和，进一步改变"鸡肋式"员工的现状，提升员工的工作热情和效率。作为企业，通过完善和努力，如果"鸡肋式"员工仍无改善，既然食之无味，就不妨丢弃。

6. 奖就要奖得心花怒放，罚就要罚得心惊肉跳

企业管理，核心就是管人，管人重在安人，简单说就是管住员工的心，而管心的目的就是带作风！说到底，管理的最终结果都会落实到"奖""罚"两个字，奖惩作为企业管理中的一把最锋利的双刃剑，用好了，事半功倍，用不好，事倍功半。

一个良好的激励制度，可以让白痴变成天才；一个错误的激励制度，可以让天才变成白痴。那么怎么奖才能带动所有，起到最大的效果，怎样罚才能"杀一儆百"，遏制不良现象？纵观很多企业案例，奖就要奖得心花怒放，罚就要罚得胆战心惊不失为一条企业人才管理的制胜法宝。奖要舍得，罚要狠心：重奖一人一次，可以引发多人多次做出贡献；重罚一人一次，可以避免多人多次重复犯错。也只有这样的重奖重罚，才能为企业打造出一支具有狼性、拥有战斗力的执行团队。

赵华是一家大型公司的销售员，刚来公司时，满腔斗志，为了公司业绩，起早贪黑，非常努力，成绩也非常显著，多次受到领导褒奖。随后，便被公司提拔为销售主管。可是好景不长，不久，他的业绩停滞不前。

领导调查后发现，原来他在工作的时间，借着公司的

资源和名声干私活、拿回扣，甚至出卖公司的内部资料。于是，领导直接撤销了他的职务，并扣除了他所有的奖金，所涉及的违规事项也移交给公司法务处，给予严肃处理。

有重奖，就有重罚。对于销售人员来说，赚钱虽是第一位的，但是不能损害公司的利益赚不义之财。其实，在不少企业中，或多或少都存在一些投机耍滑，平时不上进、不努力的员工，总会因贪恋小恩小惠，不断地去违反公司条例和规章制度，做一些损害企业利益的行为。像这样的员工，就应当重罚狠罚，甚至罚一次，就让他和其他员工记一辈子。

通过以上事例，我们可以看出，企业管理离不开奖惩机制。作为企业的管理者，务必要明白的是"胡萝卜要大，大棒也要狠"：要奖，就要大奖，让其他同事看了眼红，如此，人人才能鼓起斗志争大奖；要罚，更要狠罚，用狠罚的大棒"杀一儆百"，在打醒那些因沉迷于钱财而损害公司利益的小人的同时，明确告诫其他员工这是禁区，不可逾越。只有这样，才能遏制不良行为，警醒其他员工"莫伸手，伸手必被罚"，从而促使整个工作氛围向更好的方向发展。

7. 点滴功劳也要立刻奖赏

每位企业领导者都想拥有一个士气高昂、竞争力强的团队。但在实际的情况中，有不少管理者只是一味地向员工索取，高标准提要求，催促员工不停地努力工作。想让马儿跑，又不给马儿吃草。久而久之，领导们只看到团队业绩，却忽视了员工内在的需求，既忘记了奖赏员工，又很少激励员工斗志。殊不知，这是一个非常严重的失误。

一天晚上，有一家企业进了小偷，碰巧的是，被这家公司的清洁工郭大叔发现了。面对小偷，郭大叔并未却步，而是勇敢地与小偷进行了周旋。最后，他保护住了公司的财产。

事情发生后，有多家媒体采访了这位清洁工郭大叔，问他从哪里来的那么大的勇气敢面对持刀的小偷。他的回答让在场的人无不惊讶，无不赞叹。他的原话是："因为公司的老板每次见到我时，都会表扬我把卫生打扫得如此干净。"

作为公司的保洁员郭大叔，对公司其他员工而言，他打扫好卫生，按功劳去衡量，应该可以算作微不足道。但是正是由于老板的言语奖赏，不吝夸奖，让他从内心萌发了对企业的认同感，从而激发斗志，才有了勇斗小偷的行为。这个案例证明，一些看似很微小的奖赏和表扬，有时候，可能是一句话，一个眼神，一个微笑，都可以激发员工的责任感和对企业的归属感。因此，作为管理者，千万不要忽视表扬的力量，再小的功劳，也要不吝奖赏。

《战国策·赵策一》里面记载着这样一则故事：豫让是战国时期的四大刺客之一。他起初投靠过范氏和中行氏，但一直未被主公们赏识。后来，他又拜于智伯臣下，其胆略过人，很快就得到智伯的倚重和赏识，主臣关系十分亲密。

不料，正当他境遇越来越好时，智伯却不幸在攻打赵襄子时，被赵襄子和韩、魏谋杀。智伯死后，他们三家瓜分了智伯的领地。当时豫让虽然逃走，但非常悲痛，出于对智伯的思念以及报答智伯对他的知遇之恩，便立下誓言要为智伯报仇雪恨。于是，他决定行刺罪魁祸首赵襄子。

自此之后，豫让便改名换姓，趁机潜入赵襄子后宫进行行刺，失败后被赵襄子抓住。在随后的审讯中，豫让说出了为何要刺杀赵襄子的原因。赵襄子得知后，十分感动，决定不杀他。然而，被释放后的豫让却不甘心，他决心再次刺杀赵襄子。为了不让别人认出自己，他自愿伤身毁容，不修边幅。不料，他的第二次刺杀，再次失败了。

赵襄子对此非常不解："你也投靠过范氏和中行氏，智伯杀了他们，为何你不替他们报仇，反而屈节委身于智伯。而智伯死后，你却执意替他报仇？"豫让解释道："范式、中行氏只把我当作平凡人来对待，我就用常人的态度报答他们；但是智伯把我当成国士看待，所以我就用国士的态度报答他。"

赵襄子被豫让说服了，他答应豫让的请求，把华服脱下来，让他用剑刺破，以示为智伯报了仇。完毕，豫让仰天大笑，横剑自刎，以死明志。

学者詹姆士曾说过："人类本质中最殷切的要求是渴望

被肯定。"而赏识的过程正是肯定一个人的表现。故事中的豫让多次冒着生命危险，不惜一切代价为死去的智伯报仇，原因就是智伯生前对他以国士之礼信任和赏识他。从这些不难看出，赏识可以让人产生巨大的动力，哪怕只是点滴的知遇之恩。

在很多情况下，奖赏就是一种肯定，就是一种激励，是在员工做出业绩时给予的一种真诚认可。没有员工不喜欢被奖赏的。

作为企业领导，不管你的企业规模大还是小，不管你的企业是注重产品利润，还是追求社会效益，你要明白一点：企业的发展靠员工，员工也是人，也有物质和精神需求。无论贡献大小，无论业绩多少，就是点滴的功劳都需要领导者立即奖赏。如果管理者不重视员工这方面的需求，那么带的团队就不可能有持久的战斗力。不要忘记，带团队的过程，就是不断激励员工的过程。只有奖赏，才能激发员工的工作斗志。所以，管理者，请不要吝惜你的激励，哪怕再小的功劳，也要不失时机地给予奖赏。

MANAGEMENT
IN THIS WAY IS MORE EFFICIENT

第八章

胜在执行：
执行力决定战斗力

执行力的缺失会直接导致企业的工作目标无法得以实现。所以，执行力在企业运营过程中起着决定性的作用，管理者在企业管理过程中一定要着重培养和提高下属的执行力。

第八章 | 胜在执行：执行力决定战斗力

1. 没有彻底的执行，再伟大的战略都等于零

一个企业的成功，三分靠战略，七分靠执行。没有执行力的支撑，再美好的战略模式，也只能像空中楼阁一样，虚无缥缈。所以，战略的实施需要团队的执行，而团队的执行力则是一个企业的绝对竞争力。

有一户人家，由于最近出现太多的老鼠，于是这家主人买了一只猫回来。这下老鼠的好日子到头了。但是不甘心的老鼠不想坐以待毙，于是集合到一起开了一个会，研究怎样应对猫的袭击。

这时候，一只被认为最聪明的老鼠站了出来，它提议在猫的脖子上挂一个铃铛，这样，当猫走近的时候，老鼠听到铃铛的响声，就可以很快地撤离了。

大家都认为这是一个非常好的主意。可是，由谁去给猫挂铃铛呢？这个问题一提出来，所有的老鼠都哑口无言了。

老鼠之所以不能成功实施战略意图的根本原因是没有哪个老鼠愿意去执行这项任务。缺少执行力，再完美的计划也只是一个计划。同理，在企业，如果没有团队强悍的执行力做支撑，即使拥有最完美的战略，也不能让企业发

展壮大。

　　清代彭端淑的《为学》里面，有这样一个故事，讲的是在四川的偏远地区住着一个穷和尚和一个富和尚。有一天，穷和尚对富和尚说："我想到佛教的圣地南海朝拜，你说怎么样？"

　　富和尚说："那里那么远，你靠什么过去呢？"

　　"我只要一个喝水用的瓶子和一个可以吃饭的钵盂就够了。"

　　"在几年前，我就下定决心要租条船去南海朝圣了，但是，凭我的条件到现在还没有去成。你只是靠一个瓶子和一个钵盂就能去得了吗？"富和尚不无嘲讽地哈哈大笑："你真是白日做梦啊。"

　　一年以后，富和尚还在为租船的事筹钱，但是穷和尚已经从南海朝圣回来了。

　　如果没有执行，即使是再美好的愿望也是难以实现的。企业管理亦是如此，如果所有的员工都没有执行力的话，企业就失去了竞争力，陷入瘫痪的境地。企业想要把战略意图贯彻实施下去，就必须想办法提高团队的执行力，让整个团队都活跃起来。

　　李平在一家公司做高管，平时懒散的他也带坏了一批下属。为什么这么说呢？总经理交代的任务，到了他那里，往往是一拖再拖，直到总经理上门询问的时候，他才开始去执行。而他的团队也因为他的影响，平时无事可做，但是一旦有事的时候就忙得不行。

这种不良的风气在团队乃至整个公司蔓延开来，以致于公司在实施战略意图的时候，总是不那么顺畅。有一次，公司经过商议，决定购买一片土地来建立一个产品体验区。其他部门都接到了相关的任务，谈判的谈判，做预算的做预算，只有李平这个部门还闲着，而他这个部门又是公司的一个对外窗口——网络营销部。于是，策划宣传的事情就落到了他的这个部门。

按道理说，一旦设计部那边把设计图纸拿出来，宣传推广的工作就要立刻开始了。然而，他这个部门一直到工程竣工的前一个月还没有开始推广。这下总经理可气坏了，当下决定免除李平部门经理的职务，同时，对网络部的全体成员进行扣发绩效奖金的处理。

在上述案例中，李平由于性格使然，平时都是懒懒散散的，但作为管理者，这种行为就会严重影响到下属的心态。所以，企业在增强团队执行力的时候，也一定要注意各部门管理者的执行态度，执行意识不强烈，就会给下属传递一种"这件事情不重要"的信息，长此以往，下属也会形成能拖就拖、毫无责任感的工作心态。这对于企业战略意图的贯彻执行是非常不利的。

那么，企业应该从哪些方面入手来提高团队和个人的执行力呢？

（1）奖惩制度的建立和完善

重赏之下，必有勇夫。建立和完善奖惩制度，可以让下属明确地知道做什么事对自己有利，做什么事会损害到自身的利益。如此一来，员工就会因为奖励而把任务执行下去。用制度去考核每一个员工的表现，在引导员工的行为与观念方面起到正面导向的作用，促进目标的达成，从而有效避免人治的不公现象发生。

（2）营造团队执行文化

企业文化是一个企业得以生存的灵魂，是企业成员之间相互理解、达成共识的精神产物。正确的企业文化导向可以让员工自觉自律地去完成企业的战略意图，从而形成以价值认同为核心的团队执行文化。作为企业的管理者，一定要营造这样一种文化氛围，使执行文化在不知不觉中潜入人心。

（3）关注细节，加强监督

一旦企业目标确立下来，所有人员都要服从这个目标，使每个参与人都明确自己的具体任务，制定合理的执行流程和监督措施，让企业的目标在细节中剥丝抽茧。

2. 日事日毕，日清日高

某天早晨上班的时候，彭先生决定到了办公室就开始着手处理昨天没有处理完的事情。然而，当他到达公司以后，却并没有立即执行早晨的决定。他先询问了下属那里有没有要汇报的事情，然后给自己倒了一杯咖啡。他想着等喝完咖啡就开始自己早晨的计划，然而咖啡还没有喝完，

第八章 | 胜在执行：执行力决定战斗力

总经理就把他叫到了办公室。

其实，总经理并没有什么事情，只是想了解一下最近一段时间公司的运营情况。等到跟总经理汇报完工作以后，已经到了午餐的时间，于是他安慰自己，反正还有一下午的时间，下午再处理也不迟。

吃完午饭，回到公司就听到了下属在聊近日热播的一部电影，正好，他是这部电影男一号的粉丝，于是忙不迭地从下属那里拷贝了一份，自己坐到办公室里看电影去了。到了下午上班的时间了，他不得不暂时停下了看电影的事情，并决定马上着手早晨计划好的事情。然而，这个时候，他又接到总经理助理的通知，说是几分钟后，总经理要开一个全体会议，而且，有一个新项目的工作需要安排一下。

这下他又有借口了，因为这是不可抗拒的客观原因，并不是他不想处理昨天的事情。一个工作任务的安排就花费了整整两个小时的时间。这时彭先生手里拿着一堆厚厚的资料，这是下发到他这个部门的任务，于是，他又把任务一个个交代给了下属。给下属分配好任务的时候，已经距离下班不到五分钟了。

他一屁股坐到了椅子里，非常无奈地看着桌子上的计划摇了摇头，说：“看来只能明天处理这些事情了。"

"日事日毕，日清日高"是海尔提出的一个口号，现在已经被广泛应用到企业管理中了。这句话有两层意思：一是今日事，今日毕，不可拖延到明天再处理；二是每天都要进步一点点，只有这样，个人和团队，乃至企业才会更加强大。那么对于个人而言，该如何改掉拖延的坏习惯呢？

①每天早晨在便签上列出你当天要做的事，并且规定好时间。

②把自己的工作计划告诉同事，并且让同事知道你的工作进度。

③日常交流中，要避免"想""打算""计划"这类的虚词，直接告诉对方"我要怎么样"或"我正在怎么样"，从语言习惯的改变上来给自己不断的暗示。

④保持清醒的头脑，不要认为闲下来就是好事。

⑤给自己奖励。在完成某项工作的时候，别忘了给自己一个小小的奖励。

美国哈佛大学人才学家哈里克说："世上有93%的人都因拖延的陋习而一事无成，这是因为拖延能杀伤人的积极性。"无论是企业的管理者，还是员工，都应该做到今日事，今日毕，让今天取得小小成功的喜悦来激励明天更伟大的自己。更重要的一点，就是凡事都经不起日积月累，当所有的事越积越多的时候，你自己也就提不起解决它们的决心了。

人生有两件事是绝对不能做的，一是"等"，二是"靠"。作为企业的管理者，如果一旦做了这两件事，就会把自己置于闲散的状态之中无法自拔。今日事，今日毕，不是一种状态，而是一种心态，是一种行为习惯。一件事做久了就会成为习惯，习惯久了，就会变成一种本能。如

第八章 | 胜在执行：执行力决定战斗力

果企业里的所有成员都养成了拖延的习惯，久而久之，拖延就成了企业的本能了。如此一来，当遇到重大问题的时候，这种企业的本能就会致命。而日清日高，则强调的是企业在不断积累经验的同时，提高企业和个人的执行力，从而提高企业的市场竞争力，使企业长久立于不败之地。

3. 这事交代了，也要扶上马，送一程

给下属布置任务的时候，并不是简单地传达一下指令就可以了。作为管理者应该对下达的任务指令有一个充分的把握，即保证下属能够按照明确的指令严格执行下去，最终拿到成果。然而，在现代企业管理过程中，经常会出现这种情况，管理者总是不负责任地把任务交给下属就完事了，并没有考虑到下属能不能完成，还有哪些权力没有赋予他，或者还有哪些要注意的细节没有说明白，导致下属不明就里地去执行一个不明确的任务，最终也没有达到管理者想要的结果。所以，管理者在下达任务指令的时候，即使交代完了，也要再确认下属是否完全明白了，把下属"扶上马"，还需再送他一程，让他能够准确无误地执行交给他的工作任务。

小刚在一家公司做策划兼文案的工作，由于身兼两职，所以，他非常忙碌。然而，即便如此，他也总是得不到总经理的认可。

原来，总经理在给小刚指派工作的时候，总是说得模棱两可，几乎没有一个完整的标准，以致小刚在执行过程中总是不断地询问总经理一些事宜。即便如此，等到小刚把工作成果拿给总经理的时候，也还是没有达到总经理的要求。所以，总经理对小刚越来越不满意。在他看来，自己给他发了薪水，他却没有做到自己想要的效果，这完全是一种人力物力的浪费。于是，总经理就有了辞退小刚的想法。

相对于总经理，副总经理的做法就比较人性化。他每次让小刚做东西的时候，都会把小刚叫到办公室，当着小刚的面，一边讲解，一边画出自己想要的最终结果。这样一来，小刚马上就领会了他的意思，而且还能在最短的时间里拿出最好的方案来。

通过上述案例我们可以看出，小刚不是没有执行力，而是在总经理的手下没有执行力。之所以会造成这种结果，关键还是总经理给小刚布置工作任务的时候，目的不明确，致使小刚不知道该怎么做，做到什么程度才算完美。换言之，就是总经理在管理工作上太懒了，没有给小刚提供必要的工作条件，即告诉他该怎么做，自己究竟想要的是什么。而副总经理在这方面做得就非常不错，他明确地让小刚知道自己的意图，并亲自指示小刚应该做到什么程度。

在企业管理中，管理者应该成为提高下属执行力的推动者，也就是说，下达任务命令以后，管理者还要推动下属去更好地执行命令,这样才算得上是一位合格的管理者。而不是像案例中的总经理那样,不仅不去推动,还把自己管理上懒惰的责任转嫁到下属身上,这是绝对不可取的。

小刘在公司的某个实施项目中被指定为项目协调人,主要负责将任务提交到各个部门,但没有权力监督项目执行的结果。项目的具体工作进度和相关情况则由各部门主管人员定期直接向总经理汇报。

由于各成员对新环境和项目目的没有明确的认识,而且,还有一些新同事是第一次参加此类项目,因此,在执行过程中公司连续接到客户的投诉。虽然这件事跟小刘没有太大的关系,但是客户的投诉严重影响了公司的形象,于是他就把事情的原委告知了公司领导,并对项目的进展情况做出了明确的汇报。

公司针对项目执行过程中的实际情况,决定授权小刘管理和协调项目执行人员,并负责监管项目的进度和效果。

经过一段时间的努力,小刘把项目执行中的注意事项以及项目最终的执行目的全部告诉了执行团队,而团队内部存在的问题也在小刘上下调和中圆满解决了,项目的进展情况和执行效果也得到了空前的改善。

在上述案例中,该公司存在两个问题:一是在授权小刘协调的时候,并没有给他相应的监督职责,导致项目执行过程中上下沟通不畅,项目执行团队不了解应该注意哪些事项,所以才会引起后来的客户投诉。二是在把项目分配到各部门执行的时候，公司并没有提供相关的制度保证，以致后来项目成员像无头苍蝇一样，严重影响了项目的进度。

管理者在进行授权或布置任务的时候，一定要尽可能避免上述案例中出现的情况，要做到权责明确，让下属知道授权或布置任务的意图，如果有必要，就要为下属提供有利条件来使下属更好地完成工作，提高执行效率。换句话说，就是管理者在布置任务之前就要明确执行目标，广泛听取下属的意见，并在此基础上，不断"深化、优化、细化、序化"各项工作流程，并尽可能地将工作目标分解到"可度量、可定位、可操作、可考核、可检查"的细枝末节上，通过层层分解，使执行者一目了然，并且在有必要的时候，跟下属做好沟通工作，帮助下属提高执行力，更好地拿到成果。

4. 执行一定要落实到每一个细节上

细节失之毫厘，结果谬以千里。在企业管理工作中，细节对于执行者来说是非常重要的，因为一个细节处理不好，往往会埋下一个大隐患。管理者一定要在工作中强化这一思想，使执行落实到每一个细节上。

张亮和王明在同一家公司工作，刚入职时，两人的工资是一样多的。可是一段时间以后，张亮的工资就比王明高出很多了。于是，不服气的王明就找到老板，想讨个说法。

老板耐心地听完了王明的话后,抬眼看了看墙上的时钟,对王明说:"你帮我去早市看一下,现在那里还有什么东西在卖。"

王明从办公室出来就直奔早市去了。没过多久,王明就回来了,对老板说现在早市上只有一个农民还在那里卖土豆。

"那他还有多少?"老板问。于是,王明又跑到集市上。回来以后告诉老板还有5袋土豆。

老板又问王明:"那土豆是多少钱一斤呢?"

不得已,王明又跑到集市上问了价格来回复老板。

"好吧,你先坐下休息一下,看看张亮是怎么说的。"老板对他说。

张亮也是很快就从集市上回来了。他对老板说,现在那里只有一个农民在卖土豆,还剩下5袋,价格是1.2元。而且,他感觉土豆的质量还不错,所以就带回来了一个让老板看看,是不是要买一些。而且,这个农民还在卖西红柿,老板喜欢吃这个,所以也带回来一个样品。

"那个农民还在那里吗?"老板说,"我确实打算买一些西红柿回来。"

"我已经把他带到楼下了,他现在正在外面等着呢。"张亮笑着说。

这个时候,老板对王明说:"现在你知道为什么张亮的工资比你的高了吧。"

王明的工资之所以没有张亮的高，其根本原因在于执行力上。王明的执行力由于没有落实到细节上，不会得到老板的认可，而张亮则是考虑到了每个环节可能发生的事情，对这种员工，相信每个老板都会喜欢的，因为他能站在老板的角度想问题，但是会站在员工的角度去做事情。

细节决定成败。管理者在要求下属执行任务的时候，必须要求下属在执行过程中一定要落实到细节上。只有把执行落实在细节上，执行才会产生效果，否则就跟案例中的王明一样，做了很多无用功却没能把事情做好。

在企业管理工作中，一些管理者经常会提到这么一句话：少了一个铁钉，丢了一个马掌。少了一只马掌，丢了一匹战马。少了一匹战马，败了一场战役。败了一场战役，失了一个国家。其目的无非是让下属在执行公司决策的时候要注意把执行落实到细节上。这句话来源于这样一个故事：查理三世和公爵亨利准备为选举拼死一战，这场战斗将决定由谁来统治英国。

战斗进行的当天早上，查理派一个马夫备好自己喜欢的战马。

"快点给它钉掌。"马夫对铁匠说："国王希望骑着它打头阵呢。"

"你得等等。"铁匠回答："我前几天给国王全军的马都钉了掌，现在我得找点铁片来。"

"我等不及了。"马夫不耐烦地叫道。

铁匠埋头干活，从一根铁条上弄下四个马掌，把它们砸平、整形，固定在马蹄上，然后开始钉钉子。钉了三个掌后，他发现没有钉子来钉第四个马掌了。于是，铁匠准备自己砸钉子将马掌钉好。然而，在马夫的催促下，只好将马掌挂在马蹄子下。

两军交锋了，查理国王就在军队的阵中，他冲锋陷阵，指挥士兵迎战敌人。远远地，他看见在战场的另一头自己的士兵退却了。如果别人看见他们这样，也会后退的，所以查理快速冲向那个缺口，召唤士兵调头战斗。

但是，他还没有走到一半，那只挂着的马掌就掉了，战马跌翻在地，查理也被掀在地上。没等他再次抓住缰绳，那匹惊恐的战马就跳起来逃走了。一见国王倒下，士兵们就自顾自地逃命去了，整支军队在一瞬间土崩瓦解、一败涂地。敌军趁机反击，并在战斗中俘虏了国王。国王在被俘那一刻痛苦地喊道："钉子，马蹄钉，我的国家就倾覆在这颗马蹄钉上！"

在这个故事中，马夫因为在执行的时候没有责任心，所以直接无视了细节；铁匠倒是有责任心，但是没有把细节落到实处。老子曾说："天下难事，必做于易；天下大事，必做于细。"如果他们能够在执行国王命令的时候，多少心存那么一点儿责任心，把执行落实到细节上面，就不会出现后来国王的败局了。所以，在工作中，我们需要注重细节，树立强烈的责任心，把身边的每一件小事做好、做细。

5. 没有失败的战略，只有失败的执行

执行不力，战略崩盘；没有失败的战略，只有失败的执行。现代企业管理过程中，经常会遇到这样的事情，明明是一个非常伟大的战略，最终却输在了执行上面。这是企业的悲哀，还是人员的病态？作为管理者应该如何促使战略得到贯彻执行呢？

张总是一家公司的总经理，他主要负责公司的运营工作。而公司的董事长则长年累月地在外面搞资源，发展关系。原本这样的一个组合堪称天衣无缝——内外互补，同气连枝。然而，每次董事长回来开会布置决策，在张总那里都无法执行下去。

原来，张总早先在其他公司的时候只是一个总经理助理，习惯了被别人指派任务，等到他自己做主的时候，他就拿不定主意，反而有点儿退缩了。归根结底，还是他的领导能力不足。

例如，有一次董事长拿来了几个有合作意向的人员的名片，交给张总让他跟对方洽谈一下合作的相关事宜。但是张总拿到名片以后并没有立刻打电话给对方，而是放在了名片夹里。等到董事长再次出差以后，张总直接就把名片夹放到了柜子里面。因为他自己根本没有勇气跟对方洽谈，他自卑，而且胸无点墨，毫无底气可言。用他同事的

话讲就是,他去骗骗刚毕业的大学生还差不多,但是跟那些社会阅历丰富的老板聊天的话,他肯定又会变成助理的角色的。

还有一次,董事长打电话要求公司组织一次外出旅游,希望能够让大家放松一下。这件事自然责无旁贷地落到了张总身上。由于他没有组织过这样的活动,所以,对于路线确认、交通工具选择等事情没有一个全面的认识,连续几天,让他的下属做出了十几份的路线方案。但是,最终他也没有想好到底用哪个方案,最后还是大家提议举手表决才解决了这件事情。

后来再有相关的决策,董事长就不再跟他沟通了,而是直接在会议上分配任务。如此一来,他就彻底成了一个闲人,最后也不得不离开了这家待遇丰厚的公司。

很多时候,上层的决策都是经过收集历史数据,并进行综合分析后做出的决定。这些决策的出发点,对于企业和员工来说,一定是好的,因为没有哪个老板会把自己的企业置于危险的境地。然而如果这些决策或战略不能得到有效的落实,最后会给企业带来极大的损失。所以说,没有失败的战略,只有失败的执行。执行不力,就会导致整个战略的崩盘,阻挠企业的发展。企业管理者一定要强化执行的力度,把执行落实到细节上,控制好执行的节奏和进度,避免在执行过程中出现偏差,使战略最终走向另外一个误区。

什么是执行力?就是不折不扣地拿到成果。什么是责任心？就是用心把事情做好。在一个企业里，如果人人都以成果为导向，以责任为原则，把企业的决策不折不扣地执行到底，那么，这个企业一定是无敌的。就像泰国曼谷的东方饭店一样，员工可以把企业制定的决策和规定在执行中落实到每个细节当中。比如，当你办理入住登记后，侍者就会端一杯果汁到房间给你解渴；等你出现在餐厅用餐时，全饭店的服务生都会知道你的姓名，并能脱口而出和你打招呼；如果你是回头客，餐厅电脑上会记录你上次用餐的位置和你的菜单，以便给你提供最熟悉的服务。当然，如果你对点的菜有任何异议，服务生也会后退一步和你说话，为的是不使口水溅到你的菜里；结账离开时，服务生会说"谢谢您，欢迎您再次光临"，并提醒你"机场税500泰铢是否要先准备"。这就是东方饭店成功的秘诀，他们从上到下都能严格执行企业的规定，来满足顾客的各种需求。

6. 执行有方，忙要忙到点子上

判断一个人工作效率的高低，核心标准并不是他如何努力地工作，而是他能不能时刻都忙于要事，忙在点子上。

在20世纪80年代的时候，可口可乐与百事可乐的竞争达到了空前的白热化状态。可口可乐的部分市场慢慢地被百事可乐所取代，让可口可乐的管理者有了非常强烈的危机感。对于如何重新占领饮料市场成了可口可乐新上任总裁古兹威塔最重要的任务。

在一次会议上,可口可乐的管理者提出了各种方案,试图把市场占有率重新牢牢地把握住。当大家都把问题聚焦在两者之间的竞争上的时候,古兹威塔却向众人抛出了这样一个问题:美国人平均一天消耗多少液体饮料?

"14盎司。"一位高管回答说。

"那么可乐占其中多少呢?"古兹威塔继续问。

"2盎司。"

有了这么一个简单的对话,他们的眼前瞬时有了一个新的出路。于是,古兹威塔做出了一个具有战略高度的决策,即让可口可乐成为饮料市场的消费主流,挤占市场上那12盎司的水、咖啡、牛奶等,而不仅仅专注于同百事可乐在几盎司的可乐市场的争夺。可口可乐的目标是:当人们想要喝些什么的时候,首先想到的是可口可乐。

为了达到这个令人振奋的战略目标,可口可乐采取了一系列有效措施来提高其在饮料市场的占有率。事实证明,这种思路的转变确实解决了可口可乐当时的困境,而且,可口可乐也再次超越了百事可乐。

德国哲学家迪尔吹克·波赫夫说:"能够发现重要的问题并主动进行决策是强者的特征。而弱者往往是在自己没有选择的情况下被动地做出决策。"可口可乐正是通过提出正确的问题,通过站在更高的角度来解决问题,才能够再次超越百事可乐。

所以，企业的管理者在管理工作中一定要执行有方，要忙到点子上，找对问题的根本所在，然后果断采取有效措施来解决问题，而不是像无头苍蝇一样乱转，毫无章法可言。

例如，对于企业项目的执行，管理者可以通过沟通来解决执行过程中所遇到的问题。这里所说的沟通不仅是与下属之间的沟通，还包括与上级之间的沟通，以及与客户之间的沟通。与下属做好沟通，主要是为了能够让下属认识到项目对企业的重要性，以及项目的战略意图，这样更有利于激励下属为了大家共同的目标而努力奋斗。与上级做好沟通，主要是为了能够充分领会上级的思想，切实做好项目的执行工作，避免给企业带来损失或埋下隐患。与客户之间的沟通，是要充分了解客户的需求与不满，解决好在项目执行过程的各种突发状况。

总之，管理者要切实做到执行上有方法，忙碌中有目标，切不可因"盲"而忙，找不到问题的重点。

7. 一次解决，不要寄望下一次

在企业管理中，一些企业成员在很多时候都会拖延手头的工作，寄希望于明天。正是有这种想法的存在，才使得企业生产效率低下，执行不彻底，市场竞争力不足。

孔子说："逝者如斯夫，不舍昼夜。"企业的管理者一定要把握住现在,不要寄希望于下一次,因为没有人会知道下一次会是什么样的一个状况。今日事,今日毕,明天有明天的事情要处理。

有两个年轻人在一艘船上相遇,一个叫小王,一个叫小张。他们来到异国闯天下,希望能够做出一番事业出来。下了码头后,他们看着海上的豪华游艇从面前缓缓驶过,两个人都非常羡慕。

小王就对小张说:"如果有一天,我也能拥有这么一艘游艇该多好啊。"小张也点头表示同意。

到了吃饭的时间了,他们都觉得肚子有些饿了。于是两人开始找吃饭的地方,这时候,他们看到了一个快餐车旁围了很多人,看样子生意不错。

于是,小王就对小张说:"不如我们也做快餐吧。"

"你这个主意倒也不错。"小张说,"不过,你看旁边的咖啡厅的生意也很好,我们不如再看看吧。"

两个人的意见没有达成一致,于是就各奔东西了。但是,小王却没有马上离开那里,而是找了一个地理位置相对来说不错的地点,拿出所有的钱投资做了快餐。

功夫不负有心人,经过几年的经营,他的那家快餐店已经开了好几家连锁店了。他累积了一大笔钱,为自己买了一艘游艇,实现了自己刚来到这里时的梦想。

有一天,他驾着自己的游艇外出游玩,在不远处发现了一个衣衫褴褛的男子,竟是当年与他一起来到这里的小张。他兴奋地跑过去问小张,这些年他都在做什么。

小张不好意思地回答说:"这些年,我每天都在想我到底该做什么呢。"

案例中的小张,无疑是一个空想家,而小王则不然,他有了目标后,马上就行动起来,绝不拖沓,通过自己的努力成就了他最初的梦想。所以,作为企业管理者,在面对问题或机会的时候,一定要马上行动,千万不要寄希望于下一次。从时间管理来说,时间就是金钱,就是机遇。管理者要充分管理好自己的时间,而不是把时间浪费在无谓的事情上。

第九章

居安思危：
摆脱掉"鸵鸟"心态

企业管理者一定要做到未雨绸缪，居安思危，把危机扼杀在摇篮里，而不是像鸵鸟一样，把头深埋在沙子里来回避明知即将发生的问题。

第九章 | 居安思危：摆脱掉"鸵鸟"心态

1. 把每一天都当作最后一天来管理

作为管理者，一定要有危机意识，把每一天都当作最后一天来管理。微软总裁比尔·盖茨经常对员工说："微软离最后倒闭永远只有 90 天的时间。"在竞争激烈的今天，企业周边危机四伏，如果不保持危机意识的话，企业最终将一败涂地。

文员陈雪无论是在生活还是在工作中，都是一个比较懒散的人。大概是性格使然，所有的事情到了她那里都成了无所谓的事。总经理看在眼里，急在心上，因为如果这个小姑娘一直这样下去的话，迟早是要被社会淘汰的。

有一次，总经理让陈雪处理一份文件，但是陈雪却拖了很久也没交上来。于是总经理不得不和陈雪进行了一次深谈。

"你知道我是怎样度过每一天的吗？"总经理说："即使我是经理，我也是把每一天都当作最后一天来用的。"

陈雪迷惑不解地看着总经理。

"因为我们谁都无法预料明天会有什么事发生。"总经理突然变得严肃起来："明天有可能我们的客户突然都和我们终止了合作,也有可能员工突然全部离职,甚至,明天我们就宣布破产了。"

"但这是不可能发生的事啊。"陈雪说。

"这可不好说,万一呢?"总经理问陈雪:"万一公司突然破产了,你该怎么办呢?"

陈雪沉默了,因为她知道,自己的性格,求职的时候已经碰壁无数次了。如果公司破产的话,她可能真的没有合适的地方可去。

"即使公司不倒闭,那万一公司要辞退一批员工,而其中正好有你呢?"总经理接着问她:"公司虽然会包容所有人,但一定不会养着所有人的。如果有比你更优秀的人加入,可能第一个被淘汰的就是你了。"

这下,陈雪真的着急了:"我明白该怎么做了,您放心,下午我就把文件交上来。"

自此以后,陈雪就像变了一个人一样,领导交代的事情,她总能在第一时间很好地完成。而总经理看到自己的谈话有了效果,于是就对其他人也开展了类似的谈心活动。如此一来,他们公司就形成了今日事,今日毕,绝不拖延到第二天的良好工作风气。

通过上述案例,我们可以明显感受到这位总经理的危机意识是多么强烈,他把每一天都当作最后一天来管理,而且还感召下属也去拼命地抓住"今天"。这样的团队在市场竞争中绝对是所向披靡的,因为他们重视时间,懂得把握每一天。华为总裁任正非曾写过一篇名为《华为的冬天》

第九章 | 居安思危：摆脱掉"鸵鸟"心态

的文章，在文章里面，任正非写道："公司所有员工是否有考虑，如果有一天，公司销售额下滑、利润下滑甚至破产，我们怎么办？我们公司的太平时间长了，这也许就是我们的灾难。泰坦尼克号也是在一片欢呼中出的海。而且我相信，这一天一定会到来，面对这样的未来，我们怎样来处理，我们是不是思考过？我们好多员工盲目自豪，盲目乐观，如果想过的人太少，也许就快来临了。居安思危，不是危言耸听。"现在，许多网站都转载了这篇文章，甚至在一些企业的内部培训上，也多次引用这篇文章来提高员工的危机意识。所以，华为今天的成功并非是偶然的，因为，华为是在每天的"假想危机"中一天天成长起来的。

海尔的张瑞敏曾说过："我每天的心情都是如履薄冰，如临深渊。"野猪只要无事就开始打磨獠牙，因为它不知道在下一刻猎人是否会真的出现；母鸡每天都要下一个鸡蛋，因为它知道，如果不下蛋，明天就可能面临被宰杀的危险。那作为企业的管理者呢？是不是也应该树立起危机意识，把每一天都当作生命中的最后一天来对待呢？

海伦·凯勒认为时间是上苍最宝贵的恩赐，她说："有时我想，要是人们把活着的每一天都看作生命的最后一天该有多好啊！这就更能显出生命的价值。如果认为岁月还相当漫长，我们的每一天就不会过得那样有意义、有朝气，我们对生活就不会充满热情。"许多管理者和员工都没有意识到这样一种情况，他们像故事里的村民一样，浑浑噩噩地度日，认为生命还很长，时间还很多，并没有过多的危机意识,更不要说把每一天当作生命中的最后一天了。所以,管理者不仅自己要树立危机意识,也要帮助员工树立,珍视每一天,让危机在每天的不懈进取中悄悄化解。

2. 对于资金周转问题要早做打算

企业在运作的过程中,难免会出现资金周转的问题。这时候,就需要企业管理者在这方面多下一番功夫来应对资金问题了。俗话说,凡事预则立,不预则废。对于资金问题,管理者一定要早做打算,以避免因资金周转给企业带来损失。

随着业务的不断扩大,心理膨胀的周总不顾几个董事的反对,强行并办了租车公司。因为他们做的是传媒行业,而租车这个新兴的行业他们并不了解,所以,几个董事并没有参与投资。而周总却把自己的房子和车作为抵押,甚至在公司的股份也被他换成资金投入到了租车公司。

然而,仅仅这点儿资金是远远不够的,于是他又在朋友那里进行了融资,让朋友以入股分红的形式加入他新筹办的租车公司。由于租车行业非常火热,他的公司在短短两年的时间里就完全收回了成本。这样一来,他对自己的眼光和运作能力就更加自信了,于是又游说其他董事投资房地产。

第九章 | 居安思危：摆脱掉"鸵鸟"心态

由于上次投资的成功，再加上当时房地产也非常火爆，几个董事也就同意了他的意见，纷纷拿出自己的资金加入了房地产这个行业，甚至还一致通过了以公司名义投资的决策。在几个董事看来，以公司的名义进行投资，可以充分保证资金的正常运转。

但是，楼盘刚刚起步，他们就遭受了第一轮的打击：由于销售效果不好，后续的资金出现了极大的缺口。这时候，信心满满的周总决定把租车公司也投入到房地产，以此来解决资金不足的问题。想法是好的，但是现实总是非常残酷。后续的销售依然没有收回多少资金，而楼盘那边已经没有资金可以利用了。

最后的结果可以想而知，租车行业出现了低迷的状态，只有几家比较有实力的企业还可以正常运转，而像周总这样比较小的公司，已经面临破产了，也就无法继续为房地产公司提供资金了。再加上他的大胆冒进，传媒公司那边也吓退了很多大客户，只有几个小业务还在支撑着传媒公司那边的运作。也就是说，周总一下子就陷入了绝境——买房的人纷纷催促交房日期，两个公司的员工追着要工资，朋友那里要撤资，几个董事更是一纸诉状把他告到了法院。

我们看周总的经历就可以知道，他并没有做好应对资金短缺的准备，投资过于草率，以致后来每个环节都出现了崩盘的结局。所以，管理者在进行企业管理的时候，首先要想到的是资金问题，即使与客户合作，也要做好不能及时收回资金的两手准备，而不是在等待客户打款的过程中慢慢死亡。

运营公司并不是儿戏，需要做好各方面的准备。例如，一个公司在刚开始的时候花钱大手大脚，等到后期需要大批资金投入的时候，又陷入了困境，甚至连员工的工资都发不了，这样的公司肯定是生存不下去的。而有些公司在运作过程中就已经储备好了充足的资金，有些甚至已经保证了资金的来源，于是在进行下一步规划的时候，就显得游刃有余了。

郭总是一家集团下属公司的总经理。这家公司在最开始是完全服务于集团的，后来才从其他部门分离出来单独运作。董事长把这家公司交给郭总的时候，在公司投入了300万，对于其他分公司来说，这次的投入已经是非常多了。

刚开始，郭总由于有那么多钱的支撑，信心十足地向董事长保证在第三年的时候，就可以完全收回成本。董事长出于对他的信任，于是决定不再插手这家分公司的一切事务。

手上有钱，办事不难。郭总很快就招聘到了一批优秀的人才，当然，给出的薪水也是非常高的。只不过在公司的运作过程中，郭总的浮夸心理也就慢慢显露出来了。

原来，他在跟随董事长的时候，一直保持着低调、节俭的姿态，但是真正让他管理一个公司的时候，他的本性就流露出来了。首先，他对资金并没有一个完全的概念。比如，在出差的时候，能乘飞机，肯定不会坐高铁，能坐

第九章 | 居安思危：摆脱掉"鸵鸟"心态

高铁，肯定不会选动车，而普快列车从来就没在他的考虑范围之内。这样一来，势必在资金上给公司带来了很多浪费；其次，他在人员选择上没有一个符合实际情况的标准。只要是他看上的人才，无论花费多大的价钱，都要先挖来，根本不会考虑公司的承受力和是否真的需要这样的人才；再次，他对公司的整体规划没有一个主观的认识，朝令夕改，方向不明是他一贯的处事风格。以致于后来在很多项目上浪费了大量的时间和金钱。虽然他的下属也曾提醒过他，但是他的回复却是"这不是你该考虑的问题""公司不会少发给你工资的，其他的就不用你操心了"。

郭总的行为是致命的，后来最终结果也证实了这一点。这家公司在他的领导下，不到一年的时间，总部投入的钱就全部花完了，而且，员工最后一个月的工资还是他以私人的名义找董事长借的。

我们经常称那些在金钱上大手大脚的人为"败家子"，而郭总的行为却不止败家子那么简单了，因为他败坏的不仅仅是一个企业，更是董事长对他的信任和下属一年的宝贵时间。郭总的失败完全是他毫无节制的花费所导致的最终结果，他没有保证公司的收支平衡，更不用说盈利了，以致后来公司不得不面临破产的局面。企业管理者要引以为戒，在资金周转的问题上一定要保持高度的危机意识，把现金流作为企业赖以生存的标准，而不是无限制地花销，最后形成不可挽回的局面。

3. 危机管理是防范潜在问题，不是紧急处理

联想的柳传志曾说："我们一直在设立一个机制，好让我们的经营者不打盹，你一打盹，对手的机会就来了。"从这句话中，我们可以看出，危机管理并不是处理紧急事件，而是在平时就要做好防范潜在问题的准备。千里之堤，溃于蚁穴，没有防范，就不能做到企业的长治久安，更不要说企业发展壮大了。

19世纪末，美国康奈尔大学的科学家做过这样一个实验：他们把青蛙放到一个装满热水（40℃左右的温水，不是沸水）的大锅里，这时候，青蛙因为受不了突如其来的高温，迅速挣扎地跳了出来，虽然受了点儿轻伤，但避免了死亡的命运。第二次，科学家把另一只青蛙放到了冷水锅里，然后慢慢给锅加热。青蛙由于没有感受到温度的上升，所以在水里一直欢快地游动。随着温度的升高，青蛙的游动越来越缓慢，当青蛙发现无法忍受高温的时候，已经无力逃跑了。最后，慢慢而又安乐地死在了锅里。

《左传·襄公十一年》有云："居安思危，思则有备，有备无患。"第二只青蛙之所以会死在锅里，是因为它习惯了那个安乐的环境，等到环境慢慢变化的时候，它已经失去了逃脱的本能。所以，身处优越的环境，更应随时保持警惕。作为企业的管理者，在处理问题的时候，一定要有

第九章 | 居安思危：摆脱掉"鸵鸟"心态

远见，切不可因为当下安乐的环境而忘记危机的存在。

防患于未然永远是危机管理的最基本要求。管理者在企业管理的工作中，一定要根据日常所收集到的各方面信息，果断采取有效的措施，做好危机防范工作，使危机造成的损害降低到最小程度。绝不能做"温水里的青蛙"，导致企业最后失去了生存的机会。

彭先生管理着一家图书公司，在他的手下有十多个专门负责撰稿的编辑。有段时间图书市场非常好，编辑的各种待遇也因此水涨船高。但是好景不长，随着科技的不断发展，人们开始慢慢地改变了阅读的习惯，纸质图书因为携带不方便渐渐地被一些人抛弃了。

于是，图书行业出现了一次大的变革，即许多大的企业在保留纸质图书的前提下，开始转战电子书市场。但是，彭先生并没有意识到问题的严重性，依然我行我素。直到后来，跟下属因待遇问题产生争执以后，他才有了危机意识。

那天，已经在这个公司工作了三年的下属突然提出涨工资的要求，彭先生对这个要求感到非常意外。问过之后才知道，原来业内其他公司由于电子书火爆，已经大大提高了员工的薪资水平。但是，彭先生的公司因为没有这一块儿的投入，资金来源比较单一，所以，彭先生毫不犹豫地拒绝了下属的要求。

第二天，彭先生就接到了下属的辞职申请，而且，还不止一个下属，优秀的下属就这样一下子都走光了，甚至连后面半个月的工资也没有拿。这种结果直接导致彭先生的公司一下子就陷入了瘫痪状态。

总的来说，彭先生失去了两次防范危机的机会。第一次是当市场发生变化的时候，彭先生就应该做好预防措施，提前做好布局。如此一来，他的公司就能在后续的竞争中站稳脚跟了，但是，他并没有这样做，而是我行我素地抱残守缺，失去了竞争的机会与能力。第二次是下属提出涨工资的时候，他没有意识到下属的重要性以及市场对这类人才的极大需求，也就是说，他并没有采取相应措施留住下属，这样的结果就是造成公司的人才流失，业务无法进行下去。如果在下属提出涨工资要求的时候，他在了解原因的情况下，及时与下属做好沟通，并改变自己的经营模式，让下属看到公司未来的希望，相信下属也不会集体辞职。总而言之，彭先生的失败归根结底还是因为他没有做好危机管理，致使在危机出现时没有应急预案。

任正非曾写过这样一段话："华为公司老喊狼来了，喊多了，大家有些不信了。但狼真的会来。今年我们要广泛展开对危机的讨论，讨论华为有什么危机，你的部门有什么危机，你的科室有什么危机，你的流程的哪一点有什么危机。还能改进吗？还能提高人均效益吗？如果讨论清楚了，那我们可能就不死，就延续了我们的生命。"被其他公司当作标杆学习的华为尚且如此，更何况那些名不见经传的小公司呢？所以，管理者一定要正视危机的存在，而且要做好充足的防范措施，把危机扼杀在摇篮里，即使不能，也要把企业的损失降低到最小程度。

4. "百年老店"也会坍塌，先驱也要追随市场

提起百年老店，就不免想起那个在我们生活中曾经扮演过非常重要角色的柯达公司，世界上最大的影像产品及相关服务的生产和供应商。其总部位于美国纽约州的罗切斯特市，在摄影拍摄、分享、输出和显示领域一直处于世界领先地位，哈佛商学院2005年的一份研究报告显示，截至1975年，柯达垄断了美国90%的胶卷市场以及85%的相机市场份额。一百多年来，柯达公司帮助无数人留住了最美好的回忆、交流的重要信息以及娱乐的时光。它的业务遍布了150多个国家和地区，员工总数高达8万人之多，甚至曾经有员工说："哪怕给柯达擦地板，我也觉得骄傲。"但是随着数码技术的崛起，柯达公司这个影像王国的辉煌也随着胶卷的失宠而不复存在。

那么，曾经辉煌一时的柯达为何会倒闭呢？在当下，已经有很多学者对此进行了详尽的分析，不过，归根结底，还是柯达没有跟上市场的脚步。有句话说得好，时代会抛弃一切落伍者。而柯达明显就是落伍者之一。

早在1975年柯达应用电子研究中心工程师就开发出了世界上第一台数码相机，然而，他们仍然固守着传统相机和胶卷的地盘，满足于传统胶片产品的市场份额和垄断地位而拒绝改变，对于数字技术给传统影像部门带来的冲击，

反应迟钝。从市场角度来分析，领导者缺乏远见和决断力，在经营战略中，技术竞争与合作的关系被短期市场行为所左右，竞争者与合作者的战略定位和战略角色模糊。虽然从 2003 年到 2007 年之间，柯达做出过两次重要的转型，但是随着经济危机的出现，受众的需求锐减，导致柯达的复苏计划也最终破灭。

由此我们可以看出，想要不被市场抛弃，管理者一定要保持高度的危机意识，让公司紧追市场的脚步，保持企业的活力与竞争力，才能使企业永葆青春，长盛不衰。

同样是百年企业，全聚德在追随市场这方面就值得其他企业学习。

全聚德，中华著名老字号，创建于 1864 年。其创始人杨全仁当时只是一个在前门外肉市街做生鸡鸭买卖的普通人。但是，由于他对贩卖鸡鸭里面的道道摸得很清楚，所以，生意越做越红火。他每天去摆摊儿贩卖的时候，都要经过一家名叫"德聚全"的干果铺。这间铺子的地理位置虽然很好，招牌也非常醒目，但是生意却不怎么样。终于在 1864 年的时候，由于生意一蹶不振，已经到了倒闭的状态。精明的杨全仁马上拿出他多年的积蓄，买下了这个店铺。

既然有了自己的铺子，那总要有一个自己的字号才行啊。于是，杨全仁找了一位风水先生商议。风水先生围着铺子转了几圈，然后对他说，这间铺子是一块风水宝地，只是需要把运气倒回来才行，于是建议他把原来的"德聚

第九章 | 居安思危：摆脱掉"鸵鸟"心态

全"改为"全聚德"。就这样，"全聚德"的名字就敲定了下来，接着他又请来了一位书法很好的秀才，书写了"全聚德"这个匾额。

全聚德在杨全仁的经营之下，生意非常红火。后来，他得知有一位专为宫廷做御膳挂炉烤鸭的孙老师傅，烤鸭技术十分了得，于是就千方百计与其交朋友，随着两人的关系越来越密切，他终于说动了孙老师傅加入了全聚德。有了孙老师傅，就相当于掌握了挂炉烤鸭的全部技术。于是，慢慢地，全聚德就赢得了"京师美馔，莫妙于鸭"的美誉。

现在，全聚德经过了上百年的洗礼，其菜品不断创新发展，形成了以独具特色的全聚德烤鸭为龙头，集"全鸭席"和400多道特色菜品于一体的全聚德菜系，备受各国元首、政府官员、社会各界人士及国内外游客喜爱，被誉为"中华第一吃"。

我们再看全聚德的成功，关键一点，就是它能紧随市场的需求进行自我创新。首先，创始人杨全仁拥有敏锐的市场观察力，否则他也不会在关键时候，抢占先机买下濒临倒闭的"德聚全"干果铺。正是他看到了这个位置的潜力，才有了我们后来熟知的"全聚德"；其次，杨全仁十分了解市场的需求，并且注重品牌的建立与宣传。他买下干果铺以后，第一时间想到的就是挖掘人才，并通过他的交际能力成功地邀请到了为宫廷做御膳挂炉烤鸭的孙老师傅，然后，又请了当地著名的秀才题写匾额。通过一系列的操作，终于做到了有产品、有知名度的程度；第三，随着时代的变迁，"全聚德"的历任管理者充分发挥老字号的品牌优势，走规模化、现代化和连锁化经营道路的发展战略，紧随市场的步伐，开拓创新，无论是制作工艺，还是管理模式，都秉承以市场为导向，以客户满意为标准的原则，为全聚德迎来了新的篇章。

通过上述两个案例的对比，我们不难发现，凡是能够追随市场、保持高度危机感的企业，才能立于不败之地。作为企业管理者，如果没有市场意识和危机意识，就很难使企业发展起来。

5. 见招拆招，变"危"为"机"

事物的发展总是包含两面性的。危机拆开来讲，就是危险和机遇。也就是说，当危险来临的时候，往往就预示着机遇的到来。所以，作为管理者，在对待危机的时候，一定要看到事物的两面性，从中找到有利于企业发展的一面，快速决策，使企业从容走出困境。

管理者要善于发现和利用危机中带来的机会，而不是在危机中坐以待毙。所以，危机公关并不只是解决掉当下的困境，而是要在解决困境的同时找到生存的机会。在这一方面，海底捞的危机公关确实是值得我们借鉴学习的。

2011年8月22日，一篇名为《记者卧底"海底捞"·

揭秘》的报道在网络上传播开来，内容直指海底捞骨汤勾兑、产品不称重、员工偷吃等问题。一时间，在社会上引起了轩然大波。

但是，2011年8月22日下午3点，海底捞官网及官方微博就发出了《关于媒体报道事件的说明》的声明。声明语气诚恳，承认了勾兑的事实以及其他存在的问题，并感谢媒体的监督，并对勾兑问题进行了比较客观的澄清。下午4点的时候，官方又发出了一篇名为《海底捞关于食品添加剂公示备案情况的通报》的文章，其措辞更加小心谨慎，在文末更是表达了对顾客的感谢之情，"诚惶诚恐，丝毫不敢懈怠"。23日中午12点，官方再次发出了《海底捞就顾客和媒体等各界关心问题的说明》的文章，内容就勾兑问题进行了重点解释。23日晚上8点，海底捞创始人张勇发表了一篇微博，措辞谦逊，并承担了全部责任，还表示要对青岛那里的员工进行心理辅导，避免员工压力过大。随后，海底捞邀请媒体全程记录了骨汤勾兑的过程，一时间，视频和照片在网络上疯转开来。海底捞事件也在此画上了圆满的句号。

海底捞事件从表面看上去是一个企业的危机，但是在这个危机的背后，反而是一次免费宣传的机会。然而能否抓住这个机会，变"危"为"机"，就要看管理者的决策了。毫无疑问，海底捞的这次危机公关是非常棒的，因为它不但通过承认错误和自我批评化解了危机，更是在一定程度上得到了顾客的认可与信任。

所以，在危机发生时，管理者应该冷静下来，采取有效的措施在第一时间找出问题的原因，以便迅速地消除公众的疑虑，在消解危机的同时，去寻求"生"的可能，而不是推卸责任，与"危机"事实进行对抗，让自己陷入困境。

6. 发现潜在危险，立即解决

在遇到危险的时候，鸵鸟往往会把头埋进沙子里，以为自己的眼睛看不见就是安全了。然而，事实并非如此，鸵鸟的两条腿长且有力，奔跑起来非常迅速，遇到危险的时候完全可以轻松地摆脱敌人的攻击，但是，它却选择把头埋在沙子里坐以待毙。心理学家把这种消极的行为称之为"鸵鸟心态"。"鸵鸟心态"本质上说的是一种逃避现实的怯弱心理，在社会上，这样的人比比皆是，他们在面对压力和困难的时候，往往会采取回避的态度，明明知道问题一定会发生，也不愿去采取对策解决，结果只能让问题更加复杂。

李志宏在一家公司担任研发部的产品经理。最近公司接下了几个非常大的单子，所以，他这个部门的下属经常加班到很晚才能回家。而他，也把希望寄托在了下属身上，希望能够通过自己和下属的努力，争取在这次的合作中为公司赢得更大的利益。

第九章 | 居安思危：摆脱掉"鸵鸟"心态

可是，当第一个项目完成以后，他就收到了下属的一份辞职申请。原来，公司已经承诺，完成一个项目，他们部门就能得到丰厚的奖励，然而，已经过去好几天了，款项也已经收回来了，但是公司那边却不见动静。也许会有人认为这个下属有点儿小题大作了，但是要知道，为了完成这个项目，这些技术人员几乎大半个月的时间都是在公司度过的，现在已经很好地完成了，公司给予一些奖励也是应该的。

李志宏了解情况后，第一时间就把这个问题提交到了总经理那边。但是让人没有想到的是，总经理对此却没有任何表示，只是简单地回复一句"知道了"，就把李志宏给打发了回来。李志宏知道，如果不兑现公司的承诺，那么势必会引起其他下属的不满，甚至造成下属对公司的失望。于是，他决定先用自己的钱把奖金发给大家，随后把事情的原委跳过总经理，直接告诉了董事会。

董事会高层明白了当下的形势之后，当即决定撤销总经理的职位转由李志宏担任，并且特别奖励了他的那个部门。到此为止，这次潜在的群体离职事件才终于得到了圆满的解决。

在上述案例中，如果李志宏没有对下属的反应及时做出正确的决策，那么，其他下属势必会因此迁怒公司，进而发生集体离职的情况。如此一来，后续的几个单子就会因无人做而无法向客户交代了。失去重要客户与向下属发放奖金这两者相比较的话，失去客户所带来的损失远比发放奖金要大。所以，董事会才会做出撤销总经理的决定。

一个英明的管理者会在危机发生之前就果断采取决策，把危机扼杀在摇篮里；而一个愚蠢的管理者则会选择逃避现实，回避问题即将发生的可能性，最后导致问题一发不可收拾。所以，管理者在发现潜在危险的时候，一定不能像鸵鸟一样选择逃避，而是要找到问题的根本原因，快速反应，避免问题扩大，进而做出相应的举措消解危机。

李兰经朋友介绍，进入了一家传媒公司做策划工作。刚开始，由于业务不是很熟悉，总经理只是给她安排一些比较简单的事情。后来，为了培养她，总经理给她布置的任务越来越繁重，以致于她感到非常累。

工作繁重倒不算什么，而总经理的要求也越来越苛刻。终于有一天，她与总经理因为意见不统一产生了争执。原来总经理嫌她在谈话的时候没有职业性，而她认为，既然公司已经提出把大家当作家人一样，那就没必要搞那套虚伪的东西了，而且，她本身就是那种直来直去的人。

仅仅因为标准不同，他们在工作中没少冷战，而副总经理这时候就成了和事佬，在中间调和着他们之间的矛盾。副总经理对李兰说："我认为你们两个之间已经出现了沟通危机，我希望你们可以调整一下自己，否则会影响到工作的。"

"可是，我本来就是这种人啊，总不能为了所谓的职业性就改变自己的性格吧。"李兰很委屈地说："在跟朋友沟通的时候，他们也没有说什么啊。"

"你和你朋友之间是站在一个平等的位置上聊天的，所以，他们会尽可能地包容你，但是，你在跟领导沟通的时候，就应该考虑一下你的沟通方法了。"

"我不知道什么叫职业性啊。"李兰无奈地说。

"比如，你向他汇报的时候，可以用第一点、第二点这样的形式，并且在每次汇报问题的时候，都给出几个选择性的方案，这就是职业性。"副总经理说："我看过你的汇报，基本上都是长篇大论，即使是口头上的，由于没有条理，也会让人理不清头绪的。"

"我回去想想该怎么做吧。"李兰说。

处理完李兰的问题，副总经理又去找总经理谈了一下。无非就是希望总经理对李兰不要太苛刻，要把目光放在她的优点上面，毕竟公司提倡的就是不分领导和下属，虽然职位上有区别，但是总的来说还是平等的，没必要把形式搞得那么严苛。

经过副总经理这位和事佬的调和，总经理和李兰的矛盾虽然还时有发生，但仅限于工作上了。

案例中，副总经理正是发现了总经理与下属之间的沟通危机，并及时地进行了安抚，才避免了矛盾的扩大化。如果他任由这种危机继续下去的话，那么，势必导致总经理和李兰一拍两散，公司的业务也就无法正常开展了。所以，作为管理者要有一双善于发现危机的眼睛，并采取有效措施快速地处理这种危机，从而避免给公司带来不必要的损失。

7. 一时成功不等于一世成功

古语有云，唯谦是福。如果一个人只是满足于一些微不足道的成功，目空一切，那么，他终将不能取得更大的成绩。困境只是考验的一部分，每个人都能通过各种各样的办法战胜困难，但是对于成功的考验，则是一种心智上的历练，这却不是每个人都能通过的。如果把困境看作炮弹，那成功绝对是诱人犯罪的糖衣。所以，管理者切不可沉湎于一时的成功，而是要心存谦逊，心怀敬畏，不懈努力，否则，就无法保证企业的长久繁荣。

我们看过在赛场上，有的选手已经冲刺到了最前面，可是这时候，他有些骄傲了，认为成功已经唾手可得，于是，开始向在场的观众致意，在即将到达终点的时候，突然从旁边冲过一个人影，把原本属于那位选手的荣誉抢了过去。所以说，成功并不是一种状态，而是一种动态，需要管理者时刻保持高度的危机意识，毫不懈怠，而不是满足于眼前的一时成功。

吴王想要攻打楚国，于是召集群臣宣布攻打楚国的决定，并且警告朝堂上的众大臣，如果谁敢劝阻，就治谁的罪。众大臣面面相觑，谁也不敢乱说一句话。

大臣中有一位年轻的官员，也认为攻打楚国实为不妥，于是便设计规劝吴王。

第九章 | 居安思危：摆脱掉"鸵鸟"心态

这天，这位官员一大早就来到后花园里，因为他知道吴王上朝前都会在花园里逛一逛。他拿着弹弓紧紧盯着一棵树，以至于衣服被露水打湿了也浑然不觉。

吴王对他这种行为感到好奇，于是问他为什么一大早来这里发呆，还把衣服弄湿了。他对吴王说："在园子里有一棵树，树上有一只蝉。前两天，我看到螳螂想要抓它，但它非常机警，一下子就飞走了。可是现在，它却不知螳螂已经在自己身后了。螳螂弯曲着身子贴在树上，准备去抓蝉了，但却不知道有只黄雀在自己身后。黄雀伸着脖子想要啄食螳螂的时候，却不知道我正在树底下拿着弹弓等着打它呢。这三个家伙都只顾它们眼前的利益，却没有想过它们身后潜伏的隐患。"吴王听后，立刻明白了这位官员的言外之意，当即下令取消了这次进攻楚国的决定。

"螳螂捕蝉，黄雀在后"是一个大家耳熟能详的故事，我们可以看到，蝉在躲避了螳螂的第一次抓捕后，就有点儿飘飘然了，以致于当第二次螳螂到达它身边的时候，它都没有发觉。然而，螳螂只顾着抓住蝉，却忽视了背后黄雀的存在。黄雀呢？只顾着啄食螳螂，却没察觉在树下正有一个人拿着弹弓正对着它。

在一些企业，管理者就像树上的蝉一样，成功了第一次，就认为可以高枕无忧了，却不曾想过，竞争对手这时候已经做好了反扑的准备，随时可以让他陷入万劫不复的深渊。所以，管理者无论是在管理工作中，还是在对外的决策执行中，切不可忽视潜在的隐患，因为一时的成功并不等于一世的成功。

  所以,企业的管理者在取得暂时成功的时候,切不可抱有不可一世和"混日子"的心理,因为更大的挑战正在后面等待着。而且,成功本身就是一种动态的考验,不是说取得成功以后就可以高枕无忧了。抱有这种心理的人,是成不了大气候的,因为他们没有危机意识,最终是要被团队或企业淘汰的。

第十章
这样管理更高效，别让努力变成瞎忙活

企业管理者在日常管理过程中，难免会被琐事缠身，这个时候就需要管理者自己通过一些合理的方法来规避，从而提高管理效率。

第十章 | 这样管理更高效,别让努力变成瞎忙活

1. 别让芝麻大的小事成为你的麻烦事

山坡上有棵百年大树,时间不曾使它枯萎,风雨不曾把它动摇,闪电不曾将它击倒,但最后却被一群小如沙砾的甲虫持续咬噬给毁掉了。无论是企业的管理者,还是员工,难道不就像寓言中的那棵身经百战的大树吗?你们也曾经历过生命中无数次狂风暴雨的袭击和电闪雷鸣的洗礼,不曾被那些阻挡去路的大石头绊倒。可是,却有不少的管理者常常会因为小小的碎石而摔跤,因工作中琐碎的"小甲虫"——芝麻大的小事而抓狂不已。

英国著名作家迪斯雷利曾经说过:"为小事生气的人,生命是短暂的。"人生苦短,生活不易,千万不要因为生活中、工作上一些鸡毛蒜皮、微不足道的小事而耿耿于怀,更不要为那些芝麻大的琐事而浪费你宝贵的时间、消耗你有限的精力,否则,只会给你带来无尽的烦恼,实在得不偿失。

公司有一位主管,平时总是喜欢斤斤计较,只要遇到不顺心的事就会心堵、发脾气。心情不好,自然工作也心不在焉,更经常与同事吹鼻子瞪眼睛,把双方的关系搞得

很僵。对此，她苦恼不已，也曾想改正，但是总是失败，于是经常郁郁寡欢。后来，她和公司领导交流时，无意间道出了她心中的疑惑和问题。于是，公司领导为她介绍了一位知名的心理医师，希望能帮她解决这个困惑！

这位主管找到那位心理医师，便问他，自己不知为什么老是喜欢生气，有没有很好的解决方法。心理医师并未回答，只是把她带进了一间办公室。这位主管对此很不解，也很好奇，更不明白心理医师的用意。等她进到屋内后，心理医师锁上门，便转身走了。这彻底惹怒了这位主管，不由得便大喊大叫："干吗要把我关到这里？快放我出去……"对此，心理医师并未给予理会。这位主管见如此闹不见成效，就只好哀求他放自己出去。直到这位员工沉默不语时，心理医师才过来问她："现在还生气吗？"这位主管便开始了埋怨："生气也是生我自己的气，为何会到你这里来受折磨。""连自己都无法原谅的人怎么会原谅别人？"心理医师说完，便再次走了。

如此反复几次，这位主管的气也消了不少。直到最后一次，这位主管有所感悟，对走过来的心理医师说："我的气已经全消了，其实，根本不值得生气。"心理医师满意地笑了笑，然后说了句耐人寻味的话："其实，生活很美好，何苦一定要生气？有时候，生气就是和自己较劲，只要你不在意它，不去计较生活和工作中的那些烦心事，它就会自动消失。"听后，这位主管彻底醒悟了。虽然心理医师一针见血地指出了这位主管的症结，同时也从根本上帮她彻底解决了自己的问题。

案例中这位主管,在企业中绝对不在少数。他们之所以很容易动怒,很大原因是由于被工作和生活的烦琐小事所累,最终心气不顺,烦恼倍增。如何有效地处理这些芝麻大的小事,让烦恼远离自己,让自己愉快生活、高效工作,企业管理者和员工都应该好好思索。

在工作中,企业管理者多多少少都会遇见一些令人心生厌烦的琐事。如果整天围绕这些芝麻大的琐事,纠缠不清,那么这些琐事一定会成为你的累赘。它不但会消耗你的精力,还会扰乱你的思维,使你无法正常工作和生活。这不仅对你的身心健康不利,更对你的工作以及公司的发展不利。著名的心灵导师戴尔·卡耐基认为,很多人都有为身边的小事斤斤计较的毛病。所以,要想高效管理,做好工作,就不能花太多心思纠结在这些芝麻大的琐事上,而是要一门心思地干好你的管理,做好你应该要完成的工作。

一只骆驼在沙漠中无力地向前走着。中午的太阳太热,把骆驼晒得饥渴难耐,焦躁不安。不料有块小小的玻璃片,恰好硌了一下它的脚掌。本就一肚子火的骆驼顿时恼羞成怒,抬起脚,狠狠地将碎玻璃片踢了出去。谁知,玻璃没踢出去,脚掌却划了一道深深的口子,鲜血立刻染红了沙粒。

血气引来了空中的秃鹫,它们尖叫着、盘旋着。气呼呼的骆驼心里一惊,不顾伤势狂奔起来。由于动作过大,伤口大裂，浓重的血腥引来了附近的恶狼。疲惫加上失血过多，导致无力的骆驼像"无头苍蝇"似的跌跌撞撞，仓促中跑进了一堆食人蚁的巢穴附近。鲜血的腥味儿惹来了食人蚁倾巢而出，黑压压地向骆驼扑过去。不一会儿，那只可怜的骆驼满身是血，倒在了地上。临死前，这个庞然大物才幡然醒悟，后悔不已："我干吗跟一块小小的玻璃片生气呢？"

其实，人与故事中的骆驼是一样的，在不开心、不顺心的时候会控制不住自己的情绪，常为一点小事就乱发脾气，却可能造成无法挽回的过失。

企业的管理也是一样，这就需要企业的管理者和员工认清事实，掌控彼此的情绪，加强有效沟通；工作时尽量避免意气用事，更不能为工作中的小事而动怒生气。否则，不但会让自己活得很疲惫，还会使周围的人受到不好的影响，更会影响工作，这对于公司的发展和个人的成长都极为不利。

2. 紧急的事和重要的事，先做哪一个？

不管是生活上的事，还是工作上的事，通常都会有"紧急的事"与"重要的事"之分。"紧急的事"就是那些需要立即去做的事。例如，为了取得业绩必须立即加班或应酬客人，为了准时赴约必须加快赶路等，这些看起来都是紧急但并非重要的事情。而"重要的事"则是指那些看起来确实会对企业、部门或个人产生重大影响的事。例如，为了生命必须注意安全，为了健康必须常去煅炼等，这些都是看起来不一定紧急但很重要的事情。

在日常工作中，企业管理者每天都会有很多的事情要做，有些是紧急不重要的事，有些是重要不紧急的事，有些既是紧急又是重要的事，但有些事却是既不紧急又不重要的。那么作为企业管理者，是先做重要的事，还是先做紧急的事？这个问题肯定会有不同的答案。

为了提高自己以及公司管理者的工作效率，卡尔森钢铁公司总裁查理·卡尔森决定去找效率专家史蒂芬·柯维寻求帮助，希望史蒂芬·柯维能够为他的公司低效率的现状提供一套切实有效的方法。

面对查理·卡尔森的要求和疑问，史蒂芬·柯维胸有成竹地回答他："好！我可以10分钟内告诉你一套至少能帮你提高一倍效率的最好方案。这个方案就是：你要把明天必须要做的最重要的事情完全记录下来，然后按照工作的重要程度为其编上号码。一定要把最重要的工作排在第一位，并按这样的方式依次排好。早上一上班，就立即从第一项工作做起，一直做到完成为止。然后，用同样的方法去做第二项工作、第三项工作……直到你下班为止。即使你花费一整天的时间才完成第一项工作，那也没关系，最起码你把今天最重要的工作完成了。不管怎样，只要它是最重要的工作，就应当义无反顾地坚持每天这样做下去。

当你对我这种方案的价值深信不疑后，便可以让你公司的人也都这样去做。我的这套方案，你随便尝试，愿意尝试多久就尝试多久，等你确定后，不要忘记支付我酬劳即可。"

查理·卡尔森非常认可这套方案。没过多久，他便付给了史蒂芬·柯维25000美元的酬劳。后来，查理·卡尔森坚持使用史蒂芬教授为他制定的那套方案。五年后，卡尔森钢铁公司从一个不知名的小钢厂一跃成为当地最大的钢铁生产企业。为此，查理·卡尔森经常对他的朋友说："先做重要的事情是我公司多年来最有价值的一笔投资！"

卡尔森钢铁公司就是一个始终坚持"把重要的工作放到第一位来做"的企业，它之所以能够成功，就在于重点突出，又兼顾所有。

但也有一些企业选择先做紧急的事情，他们认为，工作中会有很多需要紧急处理的事情，这些紧急的事情看似短期起不到作用，但对长期而言，却极为重要。很多情况下，企业出现"重要且很紧急的事情"往往是由于前期没有把紧急而不重要的事情做好。对于这类企业而言，做好企业目前的紧急工作是至关重要的。

刘涛做市场主管已经多年了。对他来说，他每天的首要工作很简单，就是到处和别人拉关系、交朋友，为公司寻找新的潜在客户。为此，刘涛会参加各种专业的QQ群、爱好群等，并不停地在上班时间跑出去，请群友喝咖啡，和朋友一起聚餐。通过这些交往，刘涛可以收集到很多潜在客户和其他老板的信息与资料。

在这则案例中，我们不难发现，相对于整个企业而言，刘涛每天所做的工作，并非是公司最重要的，但对于刘涛而言，确实是最急迫的。如果没有刘涛平时参加聚会和活动，公司也不会短时间内掌握如此多、如此重要的市场信息和企业资源，以便于以后企业更好地发展。

人的时间和精力总是有限的，如何将有限的时间和精力在工作中发挥到更大？这需要我们在工作中，要分清哪些工作是重要的，哪些工作是紧急的，然后根据实际情况，把所有的事情都排一个顺序，把那些重要且急需办理的、对企业有重大影响的放在首位，其他按重要与紧迫程度，依次去做。而不是只做重要的，不做紧急的，或只做紧急的，重要的次之，割裂二者。只有两者相辅相成，安排有序，企业才能大小兼顾，重急兼有，突出重点又不忘紧迫，员工才能在有限的精力和时间内做出高效的工作。

3. 不讲方法，你做了很多无用功

随着社会竞争越来越激烈，为了梦想，有很多年轻人选择了努力奋斗，他们东奔西走，苦苦奔波，为事业前程废寝忘食。虽然他们做方案、打电话、加班熬夜，每天都是忙忙碌碌的，但很多时候，他们盲目勤奋，闷头做事，只做不想，总是像无头的苍蝇一样，整天"瞎忙"，到处乱撞。殊不知，"忙碌"已经成为了他们的一种病态。如果他们不讲方法，不合理安排时间，总是这样一味地瞎闯蛮干，那么，到头来只能徒劳无功，没有意义。

有价值的忙碌定会为企业带来良好的效益，自己也会随企业的发展走向成功，但如果事事都很盲从，从不讲究对策，那么再聪明的员工，花再多的时间和精力，做再多的工作，结果都无济于事，一无所获。就像一位知名的企业家所说：如果你站的位置不对，再忙也只是在做无用功。

在企业执行中，如果员工没能很好地认清自己工作的价值，不思考，不想办法，只是一味地盲目蛮干，那么他们不但会在执行过程中做很多无用的工作，还会影响整个工作的进度，进而阻碍企业的发展。那么，怎样做才能忙出效率，忙出成果，同时又能避免不必要的"瞎忙"，值得每位职场人士认真思考。

高亮大学毕业后，便在当地的一家报社当记者。由于工作时间不长，缺少经验，他在工作的过程中，经常会做许多无用的工作。比如好不容易写的稿子因为种种因素不能上报；熬夜加班写出的几千字稿子，最终却只能得到一小块"豆腐版面"等等。虽然每天他都有做不完的事，也非常忙碌，可是成绩却往往惨不忍睹，与他所付出精力和时间不成正比。时间一长，高亮对工作逐渐产生了不满情绪，没过多久便辞职不做了。

之后数年，高亮先后换了好几个工作，无论做什么工作，总是工作没少做，可大多都是没有结果的"无用功"。

在做人力资源管理时，高亮花大量时间做出的人事方案都会因企业的各种变动被否决；在4S店做汽车销售时，虽每次都热情周到接待客户，但始终没能卖出一辆汽车；在银行当客户经理时，虽然几乎每天都忙着拜访客户，与客户聊天沟通，但其往往会在同一个客户身上耗费很多的时间和精力，最终却没能成功说服一个客户，更没给自己带来任何收益。

经历这些工作的高亮，始终觉得自己一直在做"无用功"。后来经过朋友的指导和自己的认真反省，终于在工作中，找到了适合自己的工作方法，工作的效率和成果也得到极大地提升。

高亮的案例留给我们的启示就是，千万不要整天一味埋头"瞎忙"。有时候，你真的需要停下脚步，好好反省自己的原因，并通过努力找到最正确、最适合自己的工作方法。对工作而言，正确的方法至关重要。无论你工作多么努力，如果方法不得要领，那么做再多的工作，也只是"无用功"而已。

在工作中，不管是管理者，还是员工，都或多或少做过"无用功"。工作中费尽心思与很多客户交流周旋，可到最后，一笔生意都没谈成；熬夜做的方案，总感觉创意十足，但往往得不到领导认可。或许，我们真正需要做的，正如电影《星空》中那句经典的台词："有些事情，从一开始就意味着结束，从一开始就知道没有结果，那是不是就不让它开始呢？"

为了不做无用功，为了改变低效的工作，更为了给企业创造有价值的业绩，在实际的工作中，我们必须找到适合自己做事的方式方法，要有"不做无用功"的意识，时时处处反省自己的工作是不是在做无用功。因此，当你花费很多精力却没能达到意料中的效果时，就应该扪心自问：你的方法是否运用恰当？你努力的方向是不是有所偏差？如果答案是肯定的，那么，你一定正在做或做过"无用功"。只有这样不断地与自己沟通，提醒自己，改变自己，才能发挥自己最大的价值，才能使企业高效运行和高速发展。

4. 下班前，花三分钟整理桌面

办公桌面作为公司的一面镜子，从管理者与员工的办公桌面的整洁程度，就可以基本了解到这家公司发展的基本情况。一个公司办公桌面的"布局"状况，可以很大程度地反映这家企业的管理者和员工的基本工作状态，从某种意义上而言，这已经间接地成为了这个企业的"形象代言人"。

干净有序的办公桌面，不仅会使人心情舒畅，还利于工作，不至于忙中出乱，需要什么找到什么，既能提高办事的效率，又能提升公司的高效管理。而混乱无章的办公桌面，不仅会影响工作效率，还会影响工作情绪，长此以往，不利于企业的管理和发展。既然桌面的整理对工作和企业管理这么重要，那么，作为职场人士，就应当以身作则，在下班前，花三分钟好好整理自己工作一天、混乱的办公桌面。

某科技有限公司总监秘书郝艳是一个极为爱美的女孩子。平时，为自己打扮化妆，轻而易举，但对于工作极为拖沓懒惰，每天自己妆扮很好，却总是不会整理自己的工作桌面，常常搞得杂乱无章，事情没做多少，却总让人感觉忙个不停。为此，郝艳常常受到领导的指责和批评。

有一次，总监急需要一个客户前天寄来的合同文件，便让郝艳帮他找来。由于她不经常打理自己的办公桌面，致使很多公司资料、客户文件交杂铺满桌面，再加上自己的一些文本、生活用品……整个桌面像一锅粥似的，既剪不断，又理不清。

在这种情况下，郝艳花费了很长时间，翻遍了所有的桌面文件和资料，始终找不到总监要的那份合同。最后，在同事的提醒下，才想起来自己昨天把它放在了一个很久没用的文件夹里。

像郝艳这样工作毫无条理的管理者和员工，在企业中有很多，如果不接受教训，不好好规整自己的办公桌面，不将每日的文件和资料按重要紧急次序提前梳理好，那么，相同的错误会再次发生。久而久之，不仅工作做不好，还会拖累其他同事。

通常，那些工作高效，很容易做成事，出成绩的领导或员工，在某种程度上都存在着一定的共性，那就是他们办公桌面一定会很干净工整，有条不紊。他们通过写纸条提醒，分类整理文件等方法，很清楚想要的文件在哪，想看的资料有哪些，今天要做哪些事，要见什么人。即使今天再忙，工作再繁琐，都不会打乱他做事的节奏，最终会按自己事前整理好的章程，切实可行地有序进行。工作起来就会得心应手、轻轻松松。

郭涛是一家广告公司的设计主管。在工作上，他一向对自己和属下要求非常严格。他不喜欢工作杂乱无章，更不愿看到属下出现这种情况。他非常重视办公桌面管理，在他看来，办公桌面就相当于自己的脸面，如果脏乱无序，就像是自己没洗脸一样。

为此，郭涛总是在下班前特意抽出几分钟整理自己的办公桌面。比如每天看过的设计图案与创意资料，需要领导审批的文件等重要的就存进档案夹，并写上标签，放在显要的位置，以备查询；不太重要的文件就根据实际情况，有选择地筛选保留和淘汰，保留的写上标签，淘汰的也要在记事本上标注淘汰文件名，并做到心中有数……

通过这种有效的方式，郭涛和他的属下几年来没有丢过任何一个重要文件、一张图纸。不但工作没有出现任何纰漏和错误，而且公司的很多事情做得非常出色。

整理办公桌面文件的过程，也是一个梳理工作的过程。整齐的桌面不仅会带给自己好的心情，还会对自己的工作有个轻重缓急的划分，同时也是向老板和同事表明你是一个办事利落又爱干净的人。郭涛出色的工作表明，通过整理办公桌面，对企业和个人产生的意义与影响确实很大，他不仅提升了个人办事能力和做事效率，而且实现了企业的高效管理和良好发展。

作为企业的领导和员工，既然知道整理办公桌面对工作的重要性，那就应当从现在做起，下班前，尽量留出些时间去打理规整自己的办公桌面，检查当天的工作情况，今天做了哪些事，有哪些工作没搞定，都要心中有数。只有做到事事周到安排，每天整理，做起事来才能井然有序，工作起来才能得心应手。

5. 聪明地工作比努力更具效率

工作中，很多员工一直存在着一个误解，那就是：工作越努力，就会越成功。其实不然，试想，如果员工办事的效率不高，工作能力不强，即便他一天工作超过 12 个小时，完成的业绩、实现的成果也可能微不足道。这种靠消耗时间努力且又毫无效益的工作，很难实现企业的业绩和制定的目标，也是很难取得成功的。知名的管理大师彼得·德鲁克曾说过一句话："效率是正确地做事，而效益则是做了正确的事情。"一个人的努力，确是需要，但是努力并不等于成功。成功往往是与公司的效益指数有关的。而要想提高公司的效益，就必须提高正确做事的效率。

要努力地工作，更要聪明地工作。努力工作，很大程度上是一种工作态度；而聪明地工作，往往是要讲究方法和策略，是一种高效务实的工作，它所创作出来的效益和成果往往要大于一般努力地工作。这就是为什么聪明地工作比努力地工作更能成功，同时也解开了现实中很多人的困惑：明明勤奋努力、踏踏实实地工作，却得不到任何奖励、重用与晋升。

销售员孙洋性格比较老实、耿直，不像其他活跃的销售员，做起事来风风火火，极度热情。虽然如此，一直以来，他都很认真努力，脚踏实地地去做自己的工作。虽然从早干到晚，花费了他大量的时间和精力，但是他忙活一天的业绩还不如其他员工半天所做。

因为这些因素，孙洋从没有得到过部门主管的好评和赞扬。在每次公司全体员工表彰大会上，他的业绩总是排在后几位，也常常受到领导的批评和指责。部门主管也曾多次帮他想办法，出主意，但是始终见不到成效。最终，无奈之下，只能辞退了他。

孙洋"从早干到晚"，换来的却是最后被辞的局面，其最主要的因素就是虽然花了大量的时间却业绩不佳。在一个"以业绩淘汰末位"的企业中，被辞退，这是必然的结果。

事实上，努力工作并没有错，错的主要是通过大量的努力，没有得到很好的业绩成果。这需要我们在辛苦努力的基础上，学会怎么聪明地去工作。这个"聪明"并非是指工作中可以耍滑偷奸，使小伎俩，而是以努力工作为前提，以利于个人与公司共同发展为目标高效工作的一种方法，一种策略。

微软曾有两位员工，一度都认为自己很能干。一次，两人同时拜访了各自的10位客户，其中一名业务员不知疲倦地非常努力，他的工作方式就是不停地去上门拜访，结果花费两周的时间才与10位客户成交。而和他同期拜访客户的另一名员工竟然在三天的时间内，便成功与10名客户成交。如此高的效率，让他感到非常好奇。为此，他特意请教了这名员工。

这名员工便告诉了他实情：第一天，他也是采用登门拜访的方式，但是拜见的不是10名客户，而是这些客户的家人和孩子，了解他们的爱好和需求。然后根据采集来的这些信息，制定可以获取这些客户家人欢心的策略和方法；第二天，向这些客户的家人发出邀请，参加各自喜欢的活动聚会，在交流和活动中，将自己的项目融入到这些活动中，这不仅能尽力赢取这些家人的好感和欢心，还让这些家人从一开始就接触到这些项目所带来的好与利；第三天，趁热打铁，登门拜访这10名客户，因为赢取了这些客户的家人的好感，在其家人的协助氛围下，最终达成了目标。

第二名员工之所以能在短时间内争取与10位客户成交，他除了有第一名员工的辛勤努力外，更重要的是他想方设法通过客户家人的信任和支持，来拿下这10位客户。与第一位相比，这也正是他聪明的地方。由此可见，聪明地工作确实比努力地工作更具效率，更有成果。

很多企业案例证明，当今企业最需要的并非都是努力工作的人，而是真正懂得聪明工作的人。最受老板们欢迎的当然是既聪明又努力的员工。但是只有聪明而不努力的员工也不会得到重用，也只能在原地起伏；而大部分只知道努力而不够聪明的，也不会在企业有很大作用，他们也只能发展平平。

要完成更多工作，需要的或许不是更长的工作时间，而是更聪明的工作方法。为了企业高效的管理和顺利的发展，更为了实现自我价值，身处职场上的我们在辛苦努力的同时，更要学会这种工作方法，聪明地去工作。这就需要我们在工作中心态要向上，工作要积极，遇事要多想，避免做没用的工作；聪明者找方法，失败者找借口，要始终坚持"方法总比困难多"的做事信条，带着头脑思考工作并在疑问中寻找答案。

6. 工作没计划，只能"眉毛胡子一把抓"

很多管理企业的领导，由于缺乏工作计划，无论大小事务，都亲力亲为，结果事情没做好，难免会痛苦于工作的千头万绪。在他们看来，工作永远都做不完：旧的问题没有解决，新的问题又出现。企业到底有多少事情，哪些工作又是最重要的，一时间让这些管理者不知所措，摸不

第十章 这样管理更高效，别让努力变成瞎忙活

着头脑。

法国哲学家布莱斯·巴斯卡说："把什么放在第一位，是人们最难懂得的。"好的企业，懂得前后排位，做事讲究章法，工作都是有计划的，事情都是分轻重缓急的，而不是一味地"眉毛胡子一把抓"。只有这样，事情才能有节奏、有条理、一步步做好，企业才能得到高效管理和顺利发展。

记者李玉是一个极为严谨、做事沉稳的员工。在工作中，他最善于做计划，无论是工作，还是个人生活。他常把计划当作人的眼睛，认为如果做事之前没能很好地计划，就像人没有眼睛一样，工作起来，就会碰墙撞壁，就会失去目标，就会看不清下一步要做什么。在他看来，事事做计划，是非常重要的。

也因为他有这样的好习惯，在每次出镜采访中，相关的计划都由他亲自制作，无论是重大或突发事件，还是直面领导高层，没有一次出现失误，并且每次都完成得相当出色。为此，电视台的领导多次对他提出表扬和嘉奖。

记者李玉能通过制订严格的工作计划，出色地完成各种采访，也是工作能力的一种体现。

在现代企业管理中，能真正做到凡事先做计划和严格执行工作计划的并不多，尤其是中小企业。这些企业的管理者，根本就没有意识到工作计划对企业发展和高效管理的重要性。他们只是一味地以为只要工作就能出成绩，不需要花费太大人力、物力，大费周折地去做这些计划。结

果却是不但工作没做好，还出现"眉毛胡子一把抓"的混乱局面，极大地影响了企业的发展。

还有一种情况是，计划虽然制订了，但是却不见效果。究其原因，无非这几种：一是制订的计划出现了重大问题；二是制订的计划没能严格执行甚至没执行。

有家企业新来了一位主管，自认为能力很强，事事都要亲力亲为，但很少重视工作计划。他从不像其他管理者一样，每日、每周、每月都有详尽清晰的思路和做法。他认为，作为管理者，就应当身先士卒，一马当先，这样才能体现出自己的能力和责任感，并轻视经常制订计划的人。

可是，没过多久，超负荷的工作压得他病倒了好几次。最终，不但很多工作没做好，还大大影响了工作的进度。

这位主管的案例告诉我们，作为企业管理者，更应该重视工作计划，千万不可学这位主管，"胡子眉毛一把抓"，事必躬亲，最终累垮自己，实属不值。

上班时，来什么活就做什么，领导叫做什么就做什么，从来没有计划性，主动思考、主动工作的意识也不强。现实中，类似的案例有很多，这主要反映出一些企业管理者在工作中不愿计划或计划性不强，没有意识到管理者的价值。这种人可以成为一个优秀的执行者，但很少能成为一位出色的管理者或领导者，即使走向领导岗位，若不改变自己的工作方式，也不会有很大的作为。

要想让自己高效工作，实现自我价值，要想成为企业高效的优秀管理者，首先，要为企业制订一个切实有效的工作计划。该计划要具体，要可行，不要虚，也不要空，并且是通过努力能够完成的。计划目标制定不要太高，更不可太低，要依据实际市场情况，制定合理的工作计划。计划还要与公司的长期目标、个人的成长目标相结合，不能与之脱离脱节。其次，要做到严格执行。在工作中，要排除各种干扰，确定计划得到落实。作为管理者，从上班起，就要先做好计划中最重要的工作。再次，要注意计划的调整与总结。没有一成不变的计划，但也不要调整过大，过于频繁，否则会失去计划的严肃性，同时做好总结。

7. 用好你的零碎时间，别小看一分钟

"太忙了"几乎成为当代每个企业管理者的口头禅。说起管理者的工作，很多人常用"日理万机"一词来形容。不过，确实有不少管理者工作一项接着一项，每日行程也排得非常紧凑，然而仍然感觉时间不够用。知名的管理学大师彼得·德鲁克曾经说过："不能管理时间，便什么也不能管理。"时间管理对管理者来说极其重要，在一定程度上，管理者的"时间管理"不仅关系到个人自身的成败，更关系到企业发展的输赢。而管理者的"时间管理"就是用来保证在有限时间内完成应该做的事，实现管理者的最大的价值。"一寸光阴一寸金"正是反映了管理者对时间产

生的价值追求。

军事家苏沃格夫有句名言："一分钟决定战局。我不是用小时来行动，而是用分钟来行动的。"苏沃格夫能取得伟大的战争胜利，也与他对时间的精准把控有很大关系。时间没有大小多少之分，不管你珍不珍惜，在不在意，它都时刻客观地存在着，运行着。"时间就是金钱，就是生命。"作为企业的管理者，不仅要充分利用大片的美好时间，为企业创造价值，也要注意利用好其他零碎的时间，更不要小看一分钟。

我国历史上就有很多学问家因为善于利用零碎时间，不小看平时的一分钟，最终成就大器。

东汉学者董遇就是其中典型的代表。董遇年轻时家境贫寒，父母去世很早，平日靠和哥哥采食野生谷物为生。但他常常随身携带书籍，趁劳作空隙读诵诗文。由于他勤学好问、好学不倦，利用一切可以利用的时间去读书，不久，他的学识便远负盛名。

董遇成名后，不少青年才俊前来拜师求教。他指着一些典籍说："必当先读百遍。"一听这些，很多求学的人便以没时间为借口，予以推辞。董遇马上联系自身经历，指出"学以三余"："隆冬为一年之余，深夜是一天之余，骤雨阴风时刻可算一时之余暇。"其意思是说在冬闲、晚上、阴雨天不能外出劳作的时候，他都用来学习，通过这些日积月累，才有现在的成就。

著名数学家华罗庚曾经说："时间是由分秒积成的，善于利用零星时间的人，才会做出更大的成绩来。"董遇能成为知名的学者，正是通过积累零碎的时间辛勤耕耘的结果，如果没有他长期地利用"三余"读书，历史上也就不会出现这样的知识名人。

时间对于我们任何一人而言，都是一天24小时，1440分钟，86400秒。上到主席总理，下到平民百姓，不会多一秒，也不会少一秒。它对每个人都是公平的。但是不同的人在相同时间内所做的工作却相差很大。总之，不会利用时间的人总是事倍功半，会利用时间的人则可事半功倍。尤其是利用好零碎时间，不放弃一分钟的人，往往都能厚积薄发，最终成就一番大业。作为企业的管理者，只要利用好很多零碎的时间，并且合理地安排到自己工作中，一分钟一分钟地积累，时间久了，也能造就一个很大的成绩。

有一名新来的员工，由于技能经验少，工作常常会出错，多次受到技术主管的批评。但他平时好学，又由于他的住所离公司比较远，每天上班、回家都要在车上耗费一个多小时。为此，他就经常利用这段零碎的车上时间来学习技能方面的知识。

有一次，公司车床出现了一个连技术主管都无法修复的问题，正当毫无办法之际，这名新员工通过利用零碎时间学到的知识，很快解决了这个问题。后来，由于他技术过硬，很快便得到提升，当上了部门的负责人。

学者雷曼说过一段话："每天不浪费、或不虚度剩余的那一点点时间，即便只有一分钟，如得重用，也一样可以有很大的成就。游手好闲惯了，就是有聪明才智，也不会有所作为。"

　　要想做一个好的管理者，就需要在更多的时间中，为企业创造更大的价值。而如何把时间价值做到更大是每个管理者自我领导力强弱的重要体现。不管你是领导高管，还是门口卖烧饼的小贩，要想提升自我领导力，成为一个优秀的职业管理者，都需要在零碎时间上下功夫，不放过任何一分钟——让 24 小时做出 48 小时的事情或价值来。